Yale Language Series

# Échos

Cultural Discussions for Students of French

Kimberlee Campbell

DIRECTOR, FRENCH LANGUAGE PROGRAMS

New York University

YALE UNIVERSITY PRESS

New Haven and London

Published with assistance from the foundation established in memory of Philip Hamilton McMillan of the Class of 1894, Yale College.

Publisher: Mary Jane Peluso
Editorial Assistant: Gretchen Rings
Manuscript Editor: Laura Jones Dooley
Design: Sonia Shannon
Production Controller: Laura Burrone
Marketing Manager: Timothy Shea

Set in Bulmer type by Achorn Graphic Services.
Printed in the United States of America by Sheridan Books.

Library of Congress Cataloging-in-Publication Data

Campbell, Kimberlee Anne, 1955–
     Échos : cultural discussions for students of French / Kimberlee Campbell.
          p. cm. — (Yale language series)
     ISBN 0-300-09803-0 (pbk. : alk. paper)
     1. France—Civilization. I. Title. II. Series.
     DC33.C34 2004
     306′.0944—dc21

                                                                    2003005806

A catalogue record for this book is available from the British Library.

The paper in this book meets the guidelines for permanence and durability of the Committee on Production Guidelines for Book Longevity of the Council on Library Resources.

Cover: Henri Matisse, *The Window,* 1916.
City of Detroit Purchase. Photograph © 2001
The Detroit Institute of the Arts

10 9 8 7 6 5 4 3 2

# Contents

# Preface

This volume is not a reader in the traditional sense of that word; rather, it is an interdisciplinary introduction to French cultural studies. The primary goal of the volume is not to teach students how to read in French but instead to provide students in introductory French courses with a series of questions designed to encourage them to think about issues of cultural identity in French and Francophone contexts. Too often, foreign-language curricula postpone the study of complex cultural questions until the students have become relatively fluent, thus divorcing the study of language from that of cultural substance. Such curricula prepare students to interact with the foreign culture on the pragmatic, day-to-day level of bus ticket and bank account yet do little to enhance students' global cultural understanding. Or again, students study French culture in history or art classes, detached from any appreciation of the linguistic roots of this heritage. This volume proposes a holistic approach, integrating texts and images that might be studied in fine arts, anthropology, sociology, or history with French. It is my hope that such an approach will encourage students to think across and between traditional disciplines, thereby developing, along with basic competence in the forms of the foreign language, an understanding of issues and questions relevant to Francophone society, past and present. I thank Elizabeth Emery, Montclair State University; Maureen Gillespie, University of Kansas; Catherine Jones, University of Georgia; and Donald Perret, Emerson College, for reviewing the manuscript.

*Échos* does not present a systematic overview of Francophone culture from Charlemagne to Césaire. Rather, it supplements the elementary French textbook, giving teachers a point of departure for discussing questions of cultural definition and interaction in the French-speaking context. The book is organized into two parts. Part I, "The Self: Defining Cultural Identity and Collective Values," invites students to analyze how the community constructs and transmits representations of self. Part II, "The Other: Exploring Cross-Cultural Interactions and Stereotypes," focuses on representations of cultural difference and explores issues of stereotypes and racism. Texts are short to avoid overburdening already crowded syllabi. *Échos* is designed to be flexible: each discussion is independent from the others, so selections can be used in any order to fit the curricular goals of each class. To enhance the study of culture from the beginning weeks of class, each part includes two discussions designed to be presented in English, to facilitate the study of materials that are as yet beyond students' linguistic abilities in the target language. (For those teachers using *Échos* later in the curriculum, alternate selections in French are provided in the Appendix.) Each unit also incorporates three topics presented in French, for use later in the first-year curriculum. For each image and text, a short "information" section presents basic reference material to orient the student's approach to the selections. Images then serve as a springboard to cultural discussion by prompting students to analyze visual content first. Text selections include pre- and post-reading activities designed to encourage students to think critically about social and cultural issues. Expansion activities are presented in the form of research topics so that students can do independent work; this work can then be posted on a class Web site, turned in as a paper, or presented as an oral exposé. Suggestions for discussion will encourage students to share their thoughts with others, either in the classroom or through computer-based forums. By encouraging students to integrate the study of beginning French with the study of culture, the interdisciplinary approach presented in *Échos* motivates students and teachers to explore the French-speaking world more fully.

# I

## *The Self*

Defining Cultural Identity and Collective Values

# Discussion 1 (English)
## *Representing Values and Identity*

IMAGE: Gérard Valcin, *Coumbite*
TEXT: Patrick Chamoiseau, "A Pumpkin Seed"

## Gérard Valcin, *Coumbite*

### *Information*

Despite, or perhaps because of, the poverty and political strife suffered by the Haitian people, Haiti is a center for Caribbean art. Haitian artists are sometimes taxi drivers, schoolteachers, or priests as well as painters. Their work, whether abstract or representational, reflects the close connection of art to the Haitians' spiritual and physical life. Gérard Valcin (1925–88), originally a tile-setter, used intricate geometric patterns and meticulous brushwork to represent the timeless rhythms of the fields in *Coumbite,* painted in 1971.

### *A Closer Look*

Look at the image on the following page, and make a list of cultural elements that you see. Consider lifestyle, geography, climate, and economy. When you have completed your list, answer the questions below.

1. The title of the painting, *Coumbite,* refers to the activity represented on the canvas. Judging by this representation, what is a *coumbite?* Who is involved? What do they do? Verify your definition by checking an encyclopedia or a dictionary.

2. Like other art forms, painting often reflects social structures and value systems. What cultural or social values would appear to be validated in this representation by Valcin? In what ways might his orderly, meticulous world constitute an escape from rather than a reflection of Haitian economic reality?

3. The crop being worked in the fields is sisal. What is sisal, and what is it used for? Is it an important export crop

today? What synthetic products have partially replaced sisal in recent decades? How might this affect the Haitian economy?

## In Writing

You work as a fund-raiser for a museum that would like to enhance its collection of modern Caribbean art. The works of several Haitian artists have been targeted for acquisition, among them Dieudonné Cédor, Philomé Obin, and Wilson Bigaud. Your task is to prepare a funding proposal for prospective donors. Select one of the targeted artists and prepare the proposal. You will need to give a brief overview of the artist's life and work. Then, situate the importance of this work in the context of Caribbean art history.

# Patrick Chamoiseau, "A Pumpkin Seed"

## *Information*

Patrick Chamoiseau (b. 1953), winner of the coveted French Prix Goncourt for his novel *Texaco,* is one of the foremost living Caribbean authors. He is a proponent of what he calls "créolité," or the specificity of a distinct Creole identity, which, while part European, part American, and part African, becomes something greater than the sum of its parts. Through his work, Chamoiseau seeks to enhance understanding of the often harsh realities of Creole life. Reflecting the rhythms of Creole speech, the *Creole Folktales* are true to the author's vision, recounting the stories he remembers hearing as a child in Martinique.

## *If It Were Me . . .*

Each of us had a favorite fairy tale or bedtime story as a child. In addition to entertaining us, many of these stories served a socializing or moralizing function. Perhaps they were cautionary tales, or perhaps they provided positive models for behavior. In any case, the study of such stories gives us a great deal of information about the social structures and value systems of the culture in which they were written.

Think of a folk or fairy tale that you enjoyed as a child. Tell this story to a partner in your class. With a partner, answer the following questions with respect to your story:

1. What message does the tale convey? Summarize the message in a sentence or two.
2. What social values or cultural information are reflected in the story? To which members of the community does the story apply? For these individuals, what are the con-

sequences for noncompliance? What are the rewards for conforming behavior? How might the community benefit from compliance with the stated model?

## At First Glance

1. The title of the folk tale is "A Pumpkin Seed." From this title, what sort of landscape do you imagine for the story? Will it be urban or rural? In what kinds of activities might the main characters be engaged?

2. Read the first sentence of the story, in which you will meet one of the main characters. This individual is described as being "all heart." How do you define this expression? Give examples of behavior that would be characteristic of someone who is "all heart." What message or moral can you anticipate from this first sentence? Summarize this message in a sentence or two.

# Patrick Chamoiseau, "A Pumpkin Seed"

They tell the story of an old woman who—despite wrinkles, the sufferings of age, the stings of ingratitude, and even loneliness—was still all heart.

Some people are like that: they are made of goodness, their every look spreads tenderness, and from their hands caresses fall all the year round. This elderly lady lived in chinpontong, a Creole way of saying she was up the crick and stony-broke. Her hut was of straw. Her pallet was stuffed with dried grass. Her only valuable was a little bottle of camphorated rum for soothing her aches and pains. She ate watercress, and more watercress, and didn't even have enough strength left to run her fingers beneath the rocks of the riverbed to look for those crawfish we call zabitan. So she was famine's best friend, which proves without a doubt that a friendship is not necessarily one of life's true pleasures.

One fine morning the old lady went toddling off into the undergrowth to collect twigs of logwood, which make such crackling fires. She was going along when all of a sudden, she spied a thrashing of wings in a tuft of rank grass. It wasn't a colibri, or a little blackbird, or a robin redbreast, or a sunbird, or a yellow cici warbler . . . . It was a small bird that had never been named by the Creole tongue, and as for this language, it has no idea such a thing even exists. The bird was wounded. Cradling it at her breast, the old lady hurried back to her hut. And though she had not tasted meat, or chewed a morsel of chicken, or sucked on a marrow bone in many a day, she now thought only of nursing the creature: pouring a drop of camphorated rum on the tiny wound and a sip of sugarwater into the parched beak, stroking the feathers, singing lullabies, snuggling up the quilted cotton bedjacket to ward off the chill of fear. When it was time to eat, she ate her watercress. She ate it the next day as well, and the day after, and all the other days that followed. Caring and attentive, she fed the bird as best she could, bestowing such tenderness upon the patient that each night it fell asleep against her cheek or tucked into one of the deep hollows behind her collarbones. When she had restored the bird to health, she returned it to the forest, to the very same spot where she had found it. There she waited—with a heavy heart—until it flew jauntily away. Then she went back to the sorrows of her hut, and to the fresh sorrow of the bird's departure.

She did not see it again until some time later, when she was grazed by a wingtip as she stooped crookedly to pluck her midday watercress. It was the bird. It soared over the hut and swooped to lay a pumpkin seed at her feet. Then off it flew, caroling happiness. The old lady planted the seed in her own tender way, sprinkling it daily with water warmed by a loving heart. Me, with all that attention, I would have sprung up in no time. The pumpkin didn't wait to be asked: sprout, stalk, leaves, flowers, and first fruit. A pretty pumpkin, hefty, with a nice oval shape. Oh, a pleasure beyond words: the old lady harvesting her first pumpkin, all aquiver to think of escaping that watercress for once. She had neither salt nor spices, but so what—a dish of pumpkin would be tasty, yes sirree! She picked it the way one would pick babies if they grew on trees. On the table, she opened it up . . . Oh! Inside the pumpkin was a fully cooked meal: a ragout of good meat and rice, garnished with a sprig of parsley. Her feast lasted only as long as three mouthfuls, for those nibblings of watercress had shrunk her stomach down to the merest memory of itself. But what a banquet! The first mouthful infused her body with all the aromas of her youth. The second was bursting with every forgotten flavor. The third seemed to fill the aching of her bones, the murmurs of her heart. She was satisfied.

To avoid wasting the leftovers, she carried them to her closest neighbor, a very ordinary person whose only property was a pepper plant, which she guarded fiercely. This neighbor tucked in heartily, giving thanks with loud cries. Then she wanted to see this wonder-working pumpkin up close. Everyday, at noontime, the vine produced a big fruit stuffed with different things to eat (sometimes there was even chocolate sherbet). The sweet old lady, without one word of complaint, saw her friendship with famine come to an end. She went on with her life in a kind of bliss, with the occasional bite of watercress just for old times' sake. But the neighbor, even though she benefited from this godsend, schemed and schemed and schemed, bug-eyed with envy.

Since the old lady had told her the story many a time, the neighbor set out on purpose to do her own good deed. She looked beneath leaves and between roots for the sick bird with the broken wing and the beak stilled by suffering. Nothing! Only lovely birds in the pink of health perched plumb upon their branches. Enraged, she snatched up a stone and brought down a victim. It wasn't a colibri, or a little blackbird, or a robin redbreast, or a sunbird or a cici . . . . It was you've-already-guessed-what. She carried it home, poured a bit of gutter water on the wound, plopped the poor thing down on a dirty rag, and went off for a nap. The next morning, in a great hurry, she tossed the birdy into a passing breeze, which it caught as best it could, dragging one wing behind.

Our neighbor now began to scan the skies, watching for

the seed. Sure enough, it arrived. The bird flung it at her
without even slowing down. The neighbor planted it, watered
it, screeched out some songs for it, and so the pumpkin vine,
after stalk, leaves and flowers, produced its first fruit. The
neighbor split it right open, licking her lips. Oh! Out sprang a
hellish mob of snakes, spiders, skinks, and fat brown mabouyas,
all under the unfortunate impression that she was their mother.
Their cold maws gaping, they lunged for her breasts. Ladies
and gentlemen, the neighbor clapped a hand on her head, took
to her heels, and sped off as fast as her legs could carry her. No
one knows how she got on board, but in the end she sailed
away on a wind that never came back.

## A Few Questions

1. In his work, Chamoiseau seeks to replicate the patterns of Creole speech found in the oral folk-tale. Select three phrases in "A Pumpkin Seed" that reflect this oral quality. Be sure to justify your choices. Consider syntax, vocabulary, the presence of the teller in his tale, and the implied audience, among other criteria.

2. What elements of Creole reality are evident in this story? List as many as you can. How would you characterize this reality in a sentence or two?

3. We have already noted that folk and fairy tales can model and interpret behavior for the community. In the case of "A Pumpkin Seed," which actions are validated? Censured? What social values are reiterated and reinforced in this way?

## A Matter of Opinion

Chamoiseau's championing of *créolité* is not without controversy in Martinique, where it is read as iconoclastic, since it challenges the relevance of *négritude,* or the renewal of black identity through the reestablishment of links with African roots promulgated by the authors Aimé Césaire and Léopold Sédar Senghor. At issue also is Martinique's current status as a French overseas department (DOM), by virtue of which Martinique is part of France. What do you think? Read the following sentences, and decide whether you agree or disagree with them. Then, talk to two or three people in your class. Do you agree with each other? Explain.

1. The black identity is essentially an African identity, because it existed before slavery and colonialization. Creole is no more than a bastardized form of this identity.

2. The Creole identity is unique and needs to be validated and accepted as such. Being not quite African is no more useful than being not quite European.

3. Martinique is in good shape economically. The country has benefited from its association with France. Martinique should remain a French department.

4. The DOM/TOM (Overseas Departments and Territories) are essentially French colonies, living on handouts, as dependents. Martinique needs a positive, independent vision for the future.

## Research Project

You are a child psychologist researching the social values transmitted to children through folk and fairy tales. You are currently preparing a presentation that compares the behaviors and values represented in "A Pumpkin Seed" with Charles Perrault's "Cendrillon." Write an essay for publication in a journal.

# Discussion 2 (English)
## *Coming to Terms with Change*

IMAGE: Paul Cézanne, *La Gardanne*
TEXT: Gertrude Stein, *The Autobiography of Alice B. Toklas*

# Paul Cézanne, *La Gardanne*

## *Information*

Paul Cézanne (1839–1906) is often called the "father of modern art" because his work challenged the values of nineteenth-century painting. His focus on the structure rather than the subject of the painting reflected his convictions about the relativity of seeing. His work illustrates the difficulty of realization, of finding the right tone to render an object and relate it to its surroundings. Thus, Cézanne's art tends to underline the process of painting; for the viewer, it communicates a sense of becoming rather than being.

## *A Closer Look*

Look at the painting on the following page. In what ways does this painting correspond to your ideas of what a "painting" is supposed to be? Are there ways in which this painting differs from your expectations? Explain.

1.  Throughout history, landscapes have been one of the most common subjects for painters. In your opinion, what is the function of the landscape painting? Do you prefer landscapes that are purely decorative? Maybe the landscape is merely the pretext for an artistic view of the world, and as such, the painting need not reproduce the physical landscape at all. Give examples of your favorite landscapes, and explain why you prefer these paintings.

2.  Look at the lower right-hand corner of *La Gardanne.* The painter has chosen to leave this corner of the work largely empty, with only a few sketched lines to indicate the continuation of the landscape. How does this juxtaposition of painting and sketch influence your interpretation of the

artist's message? How does it reflect the sense of the painting as process rather than product?

3. Although *La Gardanne* breaks with certain conventions
of landscape painting, it remains representational rather
than abstract: the artist shows us a village in the south of
France. Compare this village with a small town you know.
Think about styles of architecture, public and private
buildings represented, and the use or organization of space
(green and built), for example.

## *In Writing*

Imagine that you are a nineteenth-century art critic, and you
are reviewing a recent exposition of paintings. One of those paintings is *Olympia,* by Édouard Manet. Write your review of this
painting. Make sure that your review reflects the views of critics
of the period. You will need to do some research to see which styles
of painting were considered new or shocking and which styles were
conventional.

# Gertrude Stein, *The Autobiography of Alice B. Toklas*

## *Information*

Gertrude Stein, born in Allegheny, Pennsylvania, in 1874, left the United States for Europe in the early 1900s. She spent the rest of her life in France, remaining there even during World Wars I and II. A writer of note herself, she was both friend and patron to many of the premier artists of her time, among them Pablo Picasso and Henri Matisse. She died in Paris in 1946. The *Autobiography of Alice B. Toklas* is Gertrude Stein's own life story, which she chose to write from the point of view of her lifelong companion, Alice Toklas. Published in 1933, the *Autobiography* describes early-twentieth-century Paris: a place where painters and writers lived, worked, and wrestled with their art.

## *If It Were Me . . .*

Change is difficult for many people, and it can be especially hard to accept change either in the physical world that surrounds us or in the ways that that world is represented, since such change has implications with respect to our reality and thus our very identity. Think of such a moment in your life. Perhaps you moved to a new house; perhaps a building in your town was torn down to make way for new construction. Talk to a partner in the class about your experience:

1. How were your surroundings altered? Did you have any voice in the decision to effectuate this change? If so, what issues did you consider before making your decision? If you did not participate in the decision-making process, would you have done things differently? Why?

2. How did you respond to a change in the space in which your life is lived? Did it change your routines? How?

3. How did you feel? Were you upset? Angry? Or maybe you felt exhilarated, liberated? Did you act on these feelings? In what ways?

## *At First Glance*

1. In the first sentence, Stein evokes Monsieur Vollard. Check in an encyclopedia to find out who Monsieur Vollard was. What was his role in Cézanne's life?
2. In this book, Stein writes the story of her life, as she is remembering it in 1933. But memory is subjective: no two people remember events in the same way, and our own memories often shift over time. Think about your own memories. Are they always an accurate representation of what happened? How might this affect the writing of an autobiography? What elements might differ from objective reality? Give examples.

# Gertrude Stein, *The Autobiography of Alice B. Toklas*

They told Monsieur Vollard they wanted to see some Cézanne landscapes, they had been sent to him by Mr. Loeser of Florence. Oh yes, said Vollard looking quite cheerful and he began moving about the room, finally he disappeared behind a partition in the back and was heard heavily mounting the steps. After a quite long wait he came down again and had in his hand a tiny picture of an apple with most of the canvas unpainted. They all looked at this thoroughly, then they said, yes but you see what we wanted to see was a landscape. Ah yes, sighed Vollard and he looked even more cheerful, after a moment he again disappeared and this time came back with a painting of a back, it was a beautiful painting there is no doubt about that but the brother and sister were not yet up to a full appreciation of Cézanne nudes and so they returned to the attack. They wanted to see a landscape. This time after even a longer wait he came back with a very large canvas and a very little fragment of a landscape painted on it. Yes that was it, they said, a landscape but what they wanted was a smaller canvas but one all covered. They said, they thought they would like to see one like that. By this time the early winter evening of Paris was closing in and just at this moment a very aged charwoman came down the same back stairs, mumbled, bon soir monsieur et madame, and quietly went out of the door, after a moment another old charwoman came down the same stairs, murmured, bon soir messieurs et mesdames and went quietly out of the door. Gertrude Stein began to laugh and said to her brother, it is all nonsense, there is no Cézanne. Vollard goes upstairs and tells these old women what to paint and he does not understand us and they do not understand him and they paint something and he brings it down and it is a Cézanne. They both began to laugh uncontrollably. Then they recovered and once more explained about the landscape. They said what they wanted was one of those marvelously yellow sunny Aix landscapes of which Loeser had several examples. Once more Vollard went off and this time he came back with a wonderful small green landscape. It was lovely, it covered all the canvas, it did not cost much and they bought it. Later on Vollard explained to everyone that he had been visited by two crazy americans and they laughed and he had been much annoyed but gradually he found out that when they laughed most they usually bought something so of course he waited for them to laugh.

## A Few Questions

1. Like Cézanne, Gertrude Stein was an author who experimented with the conventional elements of her medium. She questioned the rules of communication through language and often chose to break those rules. Identify, in Stein's text, examples of language use that would normally be considered nonstandard usage. Think of the rules of good style and punctuation, the structure of the sentence. What effect do these choices have on the text? Does it give the text a different feel? How would you describe this difference?

2. At the time when Cézanne was painting, many people found his work unsettling and uncomfortable. Stein indicates her own initial discomfort with some aspects of his art in the text on the preceding page. What aspects of Cézanne's painting does she find disturbing? How do you know? How does she deal with her discomfort?

## A Matter of Opinion

What is art? This is often a controversial question especially as regards artists who work at the boundaries of conventional definitions. Christo is one such artist. One of his most famous projects was the Paris installation known as the *Pont Neuf Wrapped:* in 1985, for several days, the entire bridge was sheathed in white cloth. These installations elicit mixed reactions. Many people are intrigued; others feel that these projects are not art at all. What do you think? Read the statements below, and decide whether you agree or disagree. Then ask a partner in class. Do you both feel the same way? Give reasons for your opinions.

1. Christo's veiling of the Pont Neuf is art, in that the goal of art is to provoke a new way of seeing or interpreting

the world. The veil, by removing the familiar view of the bridge, obliges us to reconsider its shape and its status in our lives.

2. Christo's installations are not art. It doesn't take talent, discipline, or dedication to wrap something in cloth. This is pure sensationalism.

## Research Project

The Pyramide du Louvre, finished in 1989, was designed by the Chinese-American architect I. M. Pei. Its form was iconoclastic; reactions in Paris were mixed. Imagine that you are an American reporter doing a story on the French reactions to the Pyramide. Why was this building so controversial? What did the French have to say about it? You will need to do some research to understand how the Pyramide is situated with respect to the original Cour Napoléon before you write your article.

# Discussion 3 (French)
## *Commemorating Cultural Heritage*

IMAGE: Algeria, Fifty-Dinar Note
TEXT: Tahar Ben Jelloun, "L'Étranger"

## Algeria, Fifty-Dinar Note

### Information

The Algerian dinar, divided into 100 centimes, is the official currency of Algeria. This currency is issued in paper denominations of 5, 10, 20, 50, 100, and 200 dinars. Coinage comes in 5, 10, 20, and 50 centimes as well as 1, 5, and 10 dinars. The 50-dinar note on the next page was issued in 1964. The word *dinar,* though derived originally from Latin words for pre-Islamic Arabic coinage, was used to refer to Muslim or Arabic currency as early as the seventh century c.e. Quite a few modern countries—Jordan, Iraq, and Tunisia, for example—denominate their currency in dinars today.

### Regardons de plus près

Regardez ce billet algérien. Faites une liste des éléments culturels représentés. Pensez au mode de vie, à la géographie, et à la langue, par exemple. Maintenant, répondez aux questions suivantes:

1. Quel mode de vie traditionnel semble être évoqué par l'ensemble de ces éléments?
2. Le dessin sur le billet, correspond-il à vos idées sur cette société?
3. D'où tirez-vous vos idées? D'un film, d'un cours que vous avez suivi, d'un livre d'histoire, d'un roman, ou d'un journal que vous avez lu? Quelle valeur accordez-vous à ces sources?
4. Quelles sont les langues officielles de l'Algérie? Lesquelles figurent sur le billet? Quel rapport voyez-vous avec l'histoire de ce pays? N'hésitez pas à consulter une encyclopédie si vous ne savez pas.

50 **Banque Centrale d'Algérie** 50

cinquante dinars

- LA LOI PUNIT LE CONTREFACTEUR -

50 البنك المركزي الجزائري 50

O.1115 212

خمسون دينارا

27863212

القانون يعاقب المزورين

الحافظ

المدير العام

212 O.1115

1-1-1964

## Par écrit

Vous êtes journaliste. Votre éditeur vous a demandé de rédiger un article qui compare l'image officielle projetée par les États-Unis avec celle de l'Algérie. Vous décidez de comparer des billets de banque. Vous étudiez donc un billet américain. Comme vous l'avez fait pour le billet algérien, faites une liste des éléments culturels représentés sur le billet américain. En regardant les deux listes, et en gardant à l'esprit l'importance symbolique du billet, quelle impression les Américains veulent-ils donner de leur pays? Et les Algériens? Exprimez vos idées en prenant appui sur les dessins imprimés sur les billets.

# Tahar Ben Jelloun, "L'Étranger"

## *Information*

Born in Fez, Morocco, in 1944, Tahar Ben Jelloun is one of North Africa's best-known postcolonial writers. Among other themes, he writes about the relationship of Islam to the West, in particular the question of racism, often contrasting these images with an ideal of traditional hospitality as practiced in North Africa since time immemorial. In this philosophy of hospitality, the unconditional acceptance of strangers is one of the fundamental marks of civilization and stands as a contrast to what are sometimes viewed as repressive immigration laws in Europe and elsewhere.

## *Et si c'était moi . . .*

Une fois dans votre vie, vous vous êtes sûrement retrouvé au milieu de gens que vous ne connaissiez pas, tel que lors du premier jour de classe dans une nouvelle école ou lors de votre arrivée dans une nouvelle ville. Racontez ces moments à un camarade de classe en précisant:

1. Votre personalité: Êtes-vous extraverti ou timide?
2. Votre propre réaction à cette situation: Étiez-vous à l'aise ou pas?
3. Les réactions des autres: Ont-ils été gentils? Pas trop? Qu'est-ce qu'ils ont dit? Qu'est-ce qu'ils ont fait?

## *À première vue*

Regardez les premiers mots du poème: "Étranger, prends le temps . . . ." L'auteur s'adresse à l'étranger.

1. Qui est cet étranger? Quel rapport voyez-vous avec la forme du verbe?

2. Caractérisez le rapport entre l'étranger et l'auteur. Est-il familier ou formel?

3. Il y a une contradiction: l'auteur tutoye (= dire "tu") un étranger. Pourquoi? Tout en gardant à l'esprit cette contradiction, exprimez en une phrase le thème principal du poème.

4. Lisez le dernier vers du poème. Est-ce que l'on se sent seul? Quel rapport voyez-vous avec le thème évoqué dans les premiers mots du poème?

# Tahar Ben Jelloun, "L'Étranger"

| | |
|---|---|
| Étranger,* | stranger |
| prends le temps d'aimer l'arbre | |
| accoude-toi* à la terre | lean on elbows |
| un cavalier* t'apportera de l'eau, du pain | rider |
| et des olives amères* | bitter |
| c'est le goût* de la terre et les semences* de | taste/seed |
|    la mémoire | |
| c'est l'écorce* du pays | bark |
| et la fin de la légende | |
| ces hommes qui passent n'ont pas de terre | |
| et ces femmes usées* | used-up |
| attendent leur part d'eau. | |
| Étranger, | |
| laisse* la main dans la terre pourpre* | leave/purple |
| ici | |
| il n'est de solitude que* dans la pierre.* | only/stone |

*Avez-vous compris?*

Répondez en indiquant si les phrases suivantes sont vraies ou fausses, en fondant vos réponses sur le poème que vous venez de lire.

1. Pour la femme dans cette société, la vie est difficile.
2. On ne propose rien à boire ni à manger aux visiteurs parce qu'on n'a rien.
3. Tout le monde est propriétaire d'une maison.
4. Les gens dans cette société sont solidaires; ils s'aident volontiers les uns les autres.
5. On déteste les étrangers; on préfère rester en famille.
6. Les gens décrits se déplacent le plus souvent en automobile ou en avion.

## À votre avis

On a parfois critiqué Tahar Ben Jelloun parce qu'il écrit en français plutôt qu'en arabe. De plus, on l'accuse parfois d'avoir renforcé certains stéréotypes sur la vie arabe. Qu'en pensez-vous? Lisez les phrases suivantes et dites si vous êtes d'accord ou pas. Ensuite, posez ces questions à deux ou trois camarades de classe. Sont-ils d'accord avec vous? Pourquoi ou pourquoi pas?

1. Apprendre et utiliser la langue française permet de communiquer avec un grand nombre de gens à travers le monde.
2. Le français représente la langue des colonisateurs, donc on ne doit pas choisir cette langue pour s'exprimer.
3. Les représentations de la vie traditionnelle sont utiles pour marquer le contraste entre les sociétés arabe et occidentale.
4. Les représentations de la vie traditionnelle ne font que renforcer le stéréotype du nomade inculte.

## *Projet de recherche*

Vous êtes l'artiste chargé du dessin d'un billet pour le vingt et unième siècle. On voudrait à nouveau commémorer le patrimoine ethnique des Berbères sur ce billet. Bien sûr, vous ne voulez pas copier l'ancien billet; il vous faut de nouvelles idées, de nouvelles images. Vous êtes donc obligé de faire des recherches pour trouver des idées. Après avoir fait vos recherches, présentez votre projet: décrivez les images que vous avez choisies, et dites pourquoi vous les avez choisies.

# Discussion 4 (French)
## *Affirming a Sense of Nation*

IMAGE: L'Afrique Centrale, Five-Thousand-Franc Note
TEXT: Léopold Sédar Senghor, "Hymne national du Sénégal"

# L'Afrique Centrale, Five-Thousand-Franc Note

## *Information*

The banknote on the opposite page was issued in 1994 by the Banque des États de l'Afrique Centrale, acting on behalf of a monetary union of member countries including Cameroon, the Central African Republic, Chad, the Congo, Equatorial Guinea, and Gabon. This union is the descendant of the original French-created "franc zone," with currency known as Colonies Françaises d'Afrique (CFA) francs. In 1959, the French government developed a plan under which the newly independent African countries would be members of a French-African monetary community. Although the African nations rejected the French community, the idea of a mutually beneficial African monetary union survived.

## *Regardons de plus près*

Regardez ce billet africain. Faites une liste des éléments culturels représentés. Pensez au mode de vie, à la géographie, et à la langue, par exemple. Maintenant, répondez aux questions suivantes:

1. Quelle industrie moderne existe en Afrique Centrale? Comment le savez-vous?
2. Les agriculteurs, que cultivent-ils? Quels éléments du dessin pouvez-vous citer pour justifier votre réponse?
3. Y a-t-il une différence entre les activités des hommes et celles des femmes? Justifiez votre réponse.
4. La modernité des pays centrafricains est évoquée à travers les images du pétrolier et des puits de pétrole; comment la tradition est-elle évoquée? S'agit-il d'une tradition rurale ou urbaine?

5000    BANQUE DES ÉTATS DE L'AFRIQUE CENTRALE    5000

Les auteurs ou complices de falsification ou de
contrefaçon de billets de banque seront punis
conformément aux lois et actes en vigueur.

CINQ MILLE FRANCS

9430801220    BANQUE DES ÉTATS DE L'AFRIQUE CENTRALE    5000

F

LE GOUVERNEUR

UN CENSEUR

F

5000    CINQ MILLE FRANCS    9430801220

5. Le texte du billet est en français. À votre avis, pourquoi
   n'a-t-on pas utilisé une langue africaine? N'hésitez pas à
   consulter une encyclopédie si vous ne savez pas.

## Par écrit

Vous travaillez pour une société multinationale qui voudrait
investir en Afrique. Vous préparez un rapport préliminaire qui dé-
taille la situation économique dans les pays africains francophones.
Vous décidez de consacrer un chapitre à chaque pays. Dans ce
chapitre, vous devez présenter les projets économiques publiques
et privés, aussi bien que les difficultés économiques actuelles du
pays. Choisissez donc un pays, et rédigez ce chapitre.

# Léopold Sédar Senghor,
# "Hymne national du Sénégal"

## *Information*

Teacher, poet, soldier, and statesman, Léopold Sédar Senghor (b. 1906) became the first president of the newly independent Republic of Sénégal in 1960. The first African "Agrégé"—that is, he passed the highest competitive examination for teachers in France—Senghor was also, with Martiniquais writer Aimé Césaire, responsible for the formulation of the concept of *négritude*, a term that suggests the revitalization of black identity through the rediscovery of the richness and specificity of the black experience in traditional African cultures. This theme is apparent in the Senegalese national anthem, written by Senghor in 1960.

## *Et si c'était moi . . .*

Qu'est-ce que le patriotisme? Que faites-vous au nom du patriotisme? Réfléchissez un peu à vos réponses aux questions suivantes. Ensuite, parlez à deux ou trois camarades dans la classe pour voir ce qu'ils pensent.

1. Avez-vous un drapeau national chez vous? Le faites-vous flotter? À quels moments de l'année?
2. Chantez-vous l'hymne national lors d'un match sportif?
3. Partiriez-vous à la guerre même si vous n'étiez pas d'accord avec votre gouvernement?
4. Doit-on être prêt à mourir pour défendre son pays?

## *À première vue*

1. Dans la première strophe, l'auteur évoque des "koras" et des "balafons." Cherchez ces mots dans un dictionnaire,

et donnez un synonyme pour chaque mot. À votre avis, pourquoi l'auteur a-t-il choisi ces mots plutôt que l'un des synonymes que vous avez trouvés?

2. Faites une liste de mots dans le texte qui évoquent la nature. Quel rapport voyez-vous entre ces mots et les thèmes de la fierté et de l'unité?

3. Dans la troisième strophe, il est question d'une fraternité qui comprend le Bantou, l'Arabe, et le Blanc aussi bien que le Sénégalais. Pourquoi l'auteur a-t-il choisi ces trois ethnies? Comment ce choix reflète-t-il l'histoire de l'Afrique de l'Ouest? Quelle attitude Senghor suggère-t-il à son peuple? N'hésitez pas à consulter une encyclopédie si vous ne savez pas.

# Léopold Sédar Senghor, "Hymne national du Sénégal"

Pincez tous vos koras, frappez les
   balafons,

| | |
|---|---|
| Le lion rouge a rugi;* le dompteur* de la | roared/tamer |
|    brousse* | brush |
| D'un bond* s'est élancé, dissipant les | bound |
|    ténèbres,* | shadows |
| Soleil sur nos terreurs, soleil sur notre | |
|    espoir.* | hope |
| Debout,* frères! Voici l'Afrique | on your feet |
|    rassemblée.* | united |

*Refrain:*

| | |
|---|---|
| Fibres de mon cœur vert, épaule* contre | shoulder |
|    épaule, | |
| Mes plus que frères, O Sénégalais, | |
|    debout! | |
| Unissons* la mer et les sources,* | Let's unite/springs |
| Unissons la steppe et la forêt. | |
| Salut Afrique mère. | |

| | |
|---|---|
| Sénégal, toi le fils de l'écume* du Lion, | froth |
| Toi surgi de la nuit au galop des | |
|    chevaux, | |
| Rends-nous, oh! rends-nous l'honneur de | |
|    nos Ancêtres, | |
| Splendides comme ébène* et forts comme | ebony |
|    le muscle | |
| Nous disons droits—l'épée n'a pas une | |
|    bavure.* | burr |

|  | Sénégal, nous faisons nôtre ton grand dessein: |
| chickens/shelter | Rassembler les poussins* à l'abri* des |
| hawks | milans* |
|  | Pour en faire, de l'Est à l'Ouest, du Nord au Sud, |
|  | Dressé, un même peuple, un peuple sans |
| seamless | couture* |
|  | Mais un peuple tourné vers tous les vents du monde. |

|  | Sénégal, comme toi, comme tous nos héros, |
| tough/hate | Nous serons durs* sans haine* et des |
|  | deux bras ouverts. |
| peace | L'épée, nous la mettrons dans la paix* du |
| sheath | fourreau,* |
|  | Car le travail sera notre arme et la parole. |
|  | Le Bantou est un frère, et l'Arabe et le |
|  | Blanc. |

|  | Mais que si l'ennemi incendie* nos |
| set fire to | frontières |
| rise up | Nous serons tous dressés* et les armes au |
| in hand | poing:* |
| faith/defying | Un Peuple dans sa foi* défiant* tous les |
|  | malheurs, |
|  | Les jeunes et les vieux, les hommes et les |
|  | femmes. |
| death | La Mort, oui! Nous disons la Mort,* mais |
| shame | pas la honte.* |

## *Avez-vous compris?*

Répondez en indiquant si les phrases suivantes sont vraies ou fausses, en fondant vos réponses sur le texte que vous venez de lire.

1. Le lion symbolise l'esprit sénégalais.
2. Les ancêtres n'ont aucune importance pour le Sénégal moderne.
3. Vu la diversité du pays, un Sénégal unifié reste inconcevable.
4. Il vaut mieux lutter que travailler.
5. Les Sénégalais ne sont pas prêts à se défendre.

## À *votre avis*

À l'heure actuelle, le monde naturel évoqué par Senghor est en difficulté. En Afrique, on lutte contre la désertification, le déboisement, et la pollution. Malheureusement, ni les causes ni les solutions à ces problèmes ne sont évidentes. Qu'en pensez-vous? Lisez les phrases suivantes et dites si vous êtes d'accord ou pas. Ensuite, posez ces questions à deux ou trois camarades de classe. Sont-ils d'accord avec vous? Pourquoi ou pourquoi pas?

1. Le déboisement devient un problème écologique grave en Afrique. Les gouvernements africains devraient aménager des zones protégées, quel qu'en soit le coût économique.
2. Il faut lutter contre la faim avant de penser à la forêt. Il ne faut pas prendre des mesures qui ne feraient qu'aggraver la crise humaine dans ces pays.
3. À l'heure actuelle, certaines espèces marines sont en voie de disparition. Il faut donc en empêcher l'exploitation commerciale partout dans le monde.

4. Au Sénégal, la pêche constitue une importante activité commerciale. Souvent, les pêcheurs n'ont ni les ressources économiques ni la formation nécessaire pour gagner leur vie autrement. Comment donc leur interdire cette activité?

## Projet de recherche

Vous êtes historien. On vous a demandé de parler du concept de la nation dans les pays francophones lors d'une émission sur l'histoire politique. Comme point de départ, vous vous servez d'une comparaison entre la *Marseillaise* française et l'hymne national sénégalais. Voyez-vous une différence entre le Sénégal, ancienne colonie française, et la France moderne, ancienne monarchie? Rédigez le texte de votre présentation.

# Discussion 5 (French)
## *Maintaining Cultural and Ethnic Specificity*

IMAGE: Clarence Gagnon, *The Chapdelaine Farm*
TEXT: Louis Hémon, *Maria Chapdelaine*

## Clarence Gagnon, *The Chapdelaine Farm*

### Information

In 1928 a Québécois artist, Clarence Gagnon (1881–1942), was invited by the Paris publishing house Les Éditions Mornay to illustrate Louis Hémon's 1912 novel *Maria Chapdelaine*. Gagnon's illustrations in mixed media—chalk, gouache, pastel, and graphite—depict the landscape and culture of the Québec countryside at the beginning of the twentieth century. Gagnon suggested that he intended his work to represent the essence of French-Canadian rural life. Through his art, he sought to reveal the harsh isolation of the landscape as well as the indomitable pioneering instincts of its turn-of-the-century inhabitants.

### Regardons de plus près

Maria Chapdelaine habite une ferme isolée, près de Peribonka, dans la région du Lac Saint-Jean, au nord du Québec. Le dessin qui suit nous donne un aperçu de la vie rurale au Québec à cette époque. En regardant le dessin, identifiez trois éléments de la vie quotidienne qui sont représentés ainsi que deux éléments qui, à votre avis, manquent. Pensez au chauffage, aux transports, à l'énergie, par exemple. Ensuite, répondez aux questions suivantes.

1. Vous avez sans doute remarqué qu'il n'y a pas d'électricité. En tenant compte de ce fait, quelles différences y a-t-il entre la vie quotidienne de Maria Chapdelaine et la vôtre? Donnez des exemples précis.

2. En regardant ce tableau hivernal, imaginez ce même paysage au printemps. De quel type de paysage s'agit-il? Quelles plantes, quels arbres verra-t-on au printemps? Quels animaux? Quels détails justifient vos hypothèses?

3. L'artiste a représenté un chemin dans la neige qui va

jusqu'à la porte de la maison. À votre avis, comment se déplaçait-on à l'époque, dans cette région, en hiver?

4. À votre avis, quelle heure est-il? Comment justifiez-vous votre réponse? À quelle heure le soleil se couche-t-il au Québec en hiver?

## Par écrit

Imaginez que vous habitez cette maison en 1912, en hiver. Nous sommes le 3 février; vous rédigez votre journal. Que faites-vous? Avec qui? Comment? Comment vous déplacez-vous? Où allez-vous? Comment faites-vous la cuisine? Que mangez-vous? N'hésitez pas à faire des recherches si vous avez besoin de renseignements supplémentaires.

# Louis Hémon, *Maria Chapdelaine*

## Information

*Maria Chapdelaine* is one of the classics of Québécois litera-ture. Written by Louis Hémon (1880–1913), a French-born writer who came to northern Québec in 1911, the novel tells the story of Maria, a young girl living on an isolated farm in northern rural Québec at the turn of the twentieth century. She is of an age to marry, but the death of her lover, lost in the woods during the harsh Québécois winter, changes Maria's destiny, though not her attachment to the land. *Maria Chapdelaine* is the story of one wom-an's struggle to come to terms with her ethnic heritage as she makes decisions about her future.

## *Et si c'était moi . . .*

L'identité individuelle comporte bien souvent une dimension temporelle: on se définit en fonction d'un patrimoine familial et ethnique. Alors, en pensant à vos aïeux, parlez à deux ou trois camarades dans la classe en précisant:

1. L'identité de vos prédécesseurs: D'où venaient-ils? Que faisaient-ils dans la vie?

2. Leur influence dans votre vie: Quelles traditions votre fa-mille a-t-elle conservées? Y a-t-il des pratiques tradition-nelles que vous abandonnez? Pourquoi?

3. Vos intentions par rapport aux générations à venir: Si vous avez des enfants maintenant, ou si vous comptez en avoir un jour, quelles sont les traditions essentielles que vous voulez transmettre à ces enfants?

## *À première vue*

1. Regardez les mots soulignés dans le texte. Quel thème suggèrent-ils?

2. Dans le deuxième paragraphe, l'auteur évoque des villes et des régions: Gaspé, Montréal, Saint-Jean-d'Iberville, l'Ungava. Sur une carte du Canada, trouvez ces endroits. Lequel se trouve le plus au nord? Au sud? Combien de temps faudrait-il pour aller en voiture de Montréal à Saint-Jean-d'Iberville?

3. Lisez le deuxième paragraphe. Notez cinq qualités ou traditions que les ancêtres de Maria ont apportées au Québec.

4. Lisez la première phrase du troisième paragraphe. Comment caractérisez-vous le rapport entre les Québécois et les étrangers? À votre avis, qui sont ces étrangers? N'hésitez pas à consulter une encyclopédie pour vous renseigner sur l'histoire de la région.

# Louis Hémon, *Maria Chapdelaine*

"Nous sommes venus il y a trois cents ans, et <u>nous sommes restés</u>. . . . Ceux qui nous ont menés ici pourraient revenir parmi nous sans amertume* et sans chagrin, car s'il est vrai que nous n'ayons guère* appris, assurément nous n'avons rien oublié.*

"Nous avions apporté d'outre-mer* nos prières* et nos chansons: elles sont toujours les mêmes. Nous avions apporté dans nos poitrines* le cœur des hommes de notre pays, vaillant* et vif,* aussi prompt à la pitié qu'au rire, le cœur le plus humain de tous les cœurs humains: il n'a pas changé. Nous avons marqué un plan du continent nouveau, de Gaspé à Montréal, de Saint-Jean-d'Iberville à l'Ungava, en disant: ici toutes les choses que nous avons apportées avec nous, notre culte, notre langue, nos vertus et jusqu'à nos faiblesses* deviennent des choses sacrées* intangibles et qui devront <u>demeurer</u>* jusqu'à la fin.

"Autour de nous des étrangers* sont venus, qu'il nous plaît d'appeler des barbares; ils ont pris presque tout le pouvoir;* ils ont acquis presque tout l'argent; mais au pays de Québec <u>rien n'a changé. Rien ne changera</u>, parce que nous sommes un témoignage.* De nous-mêmes et de nos destinées nous n'avons compris clairement que* ce devoir-là: <u>persister</u> . . . nous maintenir. . . . Et nous nous sommes maintenus,

| | |
|---|---|
| amertume* | bitterness |
| guère* | scarcely/hardly |
| oublié* | forgotten |
| outre-mer* | overseas |
| prières* | prayers |
| poitrines* | breast |
| vaillant* | valiant |
| vif* | lively |
| faiblesses* | weaknesses |
| sacrées* / demeurer* | sacred/remain |
| étrangers* | strangers |
| pouvoir* | power |
| témoignage* | testimony |
| que* | only |

centuries

peut-être afin que dans plusieurs siècles\* encore le monde se tourne vers nous et dise: 'Ces gens sont d'une race qui ne sait pas mourir . . . .' Nous sommes un témoignage.

"C'est pourquoi <u>il faut rester</u> dans la province où nos pères sont restés, et vivre comme ils ont vécu, pour obéir au com-

unexpressed

mandement inexprimé\* qui s'est formé dans leurs cœurs, qui a passé dans les nôtres et que nous devrons transmettre à notre tour à de nombreux enfants: Au pays de Québec rien ne doit mourir et rien ne doit changer."

## Avez-vous compris?

Répondez en indiquant si les phrases suivantes sont vraies ou fausses, en fondant vos réponses sur le texte que vous venez de lire.

1. Les ancêtres de Maria sont arrivés au Québec au début du vingtième siècle.
2. Les Québécois n'ont pas oublié leurs traditions.
3. Les Québécois n'ont pas exploré le continent; ils sont tous restés à Montréal.
4. Les Québécois ont réussi à garder le pouvoir politique et économique chez eux.
5. Il faut déménager, aller vivre ailleurs, où les conditions sont meilleures.

## À votre avis

Louis Hémon, l'auteur de *Maria Chapdelaine,* n'est pas Québécois. Par conséquent, certains contestent la légitimité de sa représentation de la vie rurale dans cette région. Qu'en pensez-vous? Lisez les phrases suivantes et dites si vous êtes d'accord ou pas. Ensuite, posez ces questions à deux ou trois camarades de classe. Sont-ils d'accord avec vous? Pourquoi ou pourquoi pas?

1. Hémon n'est pas venu à Péribonka en touriste; il travaillait comme garçon de ferme à huit dollars par mois, logé et nourri. Il a connu la vie dure de cette région; sa représentation de Péribonka me semble tout à fait valable.
2. Hémon n'était pas soumis aux mêmes conditions que les gens du pays; il était libre de partir quand il le désirait. Et, en effet, il est parti après six mois. Je doute qu'il ait pu capter l'essence d'une vie qu'il ne connaissait que superficiellement.

3. Un écrivain doit toujours s'en tenir à sa propre expérience. Un homme ne peut pas parler de ce que c'est que d'être une femme, par exemple.

4. Nous vivons tous des moments de désespoir et de bonheur, d'isolement et d'intimité. Il est donc tout à fait raisonnable de penser qu'un écrivain puisse décrire ces expériences, même si les personnages qu'il choisit ne lui ressemblent pas.

## *Projet de recherche*

Beaucoup de Québécois rêvent de créer un état indépendant à majorité française en Amérique du Nord. Or le 30 octobre 1995, il y a eu un référendum à ce sujet au Québec. Imaginez que vous étiez chargé du dessin d'une affiche publicitaire à cette époque. Faites des recherches, et décidez si vous auriez été pour ou contre l'indépendance du Québec. Ensuite, préparez pour l'affiche un texte qui corresponde avec votre opinion sur le sujet.

# II

## *The Other*

Exploring Cross-Cultural Interactions and Stereotypes

# Discussion 6 (English)
## *Encountering the Other*

IMAGE: Giacomo Gastaldi, *La Nuova Francia*
TEXT: Jacques Cartier, *The First Voyage*

# Giacomo Gastaldi, *La Nuova Francia*

## *Information*

This map was drawn by Giacomo Gastaldi (ca. 1500–ca. 1565), to illustrate the compilation of the Venetian publisher Giovanni Battista Ramusio called *Delle Navigatione et Viaggi* (Venice, 1565). Gastaldi combined reports from the navigators Giovanni da Verrazano and Jacques Cartier, but in the absence of more detailed information, he was obliged to extrapolate, taking the point Cartier reported furthest south as Verrazano's furthest north. As a result, his map eliminates the entire coast from Cape Cod to the Bay of Fundy. Details of the interior are derived from Native American sources or are European conceptualizations.

## *A Closer Look*

For the sixteenth-century traveler, a map was not just a tool for finding one's way but also a way to present geography in graphic fashion. Symbols and drawings on the image showed people not only where they were going but what they might expect to find once they got there. As you look at the map, put yourself in the position of someone who had never been to North America. What would you expect to find there? How might you categorize the information on the map? Is it geographic? ethnographic? Make a list of what you see.

1. Look at the activities, housing, and clothing of Native Americans as represented on this map. Textual and graphic representations such as this one tended to stereotype North Americans as "primitive." Extrapolating from these images, how did sixteenth-century Europeans define civilization? Think about what one had to do, wear, live, or be, for example.

NVOVA FRANCIA

TERRA DENVR VMBEGA

*Elpus*

*Le paradis Port Réal.*

*Port du Refuge*

*C. de breton*

*C. breton*

*Brisa*

*Isola della Rena.*

*Isol*

2. On this map, place-names listed include: Île de la Reine, Port du Refuge, and Point des Fleurs. From this list, what criteria do you think were used in selecting place-names? What other place-names could you imagine based on the graphic details represented?

3. The unknown, because frightening, was often represented as monstrous. What examples do you see of this tendency on this map?

## *In Writing*

Imagine that you are a journalist seeking to describe Native Americans for Europeans who had never been there. Based on this map, write a newspaper article chronicling your travels in North America. What did you see? What did you do? Where did you sleep? What did you eat?

# Jacques Cartier, *The First Voyage*
## *Information*

In 1534, King François I of France sent Jacques Cartier (1491–1557) to North America to search for gold. Cartier sailed from Saint-Malo in April, with two ships. Cartier landed on the Gaspé Peninsula, which he claimed for France. The place he landed was cold and dangerous, and much of what Cartier found was so different from the surroundings and customs of his native France that he often had no words to describe his experiences. A walrus, for example, was a "whale-horse." Cartier invented words to try to make his experiences clear to his French sponsors; the words he invented, because they combined and juxtaposed known objects, made New France seem even stranger and more fantastic than it really was.

## *If It Were Me . . .*

Think about a trip you have made to a place you had never been before. Write a postcard about your experience. What did you notice? What did you find interesting? What was different from the way things are done where you live? Did you dislike some elements of the new place? If so, which ones? How did you cope with those things? Think about food, dress, housing, hygiene, manners, and customs as you write.

Exchange your postcard with a partner in your class. Did your partner notice similar or different things? What do the differences in your perceptions say about your individual cultural backgrounds?

## *At First Glance*

1. The journal is a written genre that suggests certain conventions to both the writer and the eventual reader. Check the meaning of the word *journal* in at least two dictionaries. From these definitions, what expectations do you have about the content of Cartier's text? What expectations do you have about the format of its presentation?

2. Read the first three sentences in the text. You will notice the relative importance placed on an accurate report of weather conditions. Why was the weather so important for these travelers? What effect might the weather have on the outcome of the journey? On the travelers themselves?

3. Look at the words in italics toward the end of the text. In what language are they written? What is Cartier's purpose for noting these words? Why is he interested in them? Do they fall into any particular category or categories?

# Jacques Cartier, *The First Voyage*

And when we were off this river the wind again came ahead, with much fog and mist, and we deemed it advisable to run into this river on Tuesday the fourteenth of the said month [of July]. We remained at anchor at the mouth of it until the sixteenth, hoping for fair weather and to set forth. But on the said sixteenth, which was a Thursday, the wind increased to such an extent that one of our ships lost an anchor, and we deemed it prudent to go farther up some seven or eight leagues, into a good and safe harbour which we had already explored with our longboats. On account of the continuous bad weather with overcast sky and mist, we remained in that harbour and river, without being able to leave, until [Saturday], the twenty-fifth of the said month [of July]. During that time there arrived a large number of savages, who had come to the river [Gaspé Basin] to fish for mackerel, of which there is great abundance. They numbered, as well men, women as children, more than 200 persons, with some forty canoes. When they had mixed with us a little on shore, they came freely in their canoes to the sides of our vessels. We gave them knives, glass beads, combs, and other trinkets of small value, at which they showed many signs of joy, lifting up their hands to heaven and singing and dancing in their canoes. This people may well be called savage; for they are the sorriest folk there can be in the world, and the whole lot of them had not anything above the value of five sous, their canoes and fishing-nets excepted. They go quite naked, except for a small skin, with which they cover their privy parts, and for a few old skins which they throw over their shoulders. They are not at all of the same race or language as the first we met. They have their heads shaved all around in circles, except for a tuft

on the top of the head, which they leave long like a horse's tail.
This they do up upon their heads and tie in a knot with leather
thongs. They have no other dwelling but their canoes, which
they turn upside down and sleep on the ground underneath.
They eat their meat almost raw, only warming it a little on the
coals; and the same with their fish. On St. Magdalen's Day, we
rowed over in our longboats to the spot on shore where they
were, and went on land freely among them. At this they showed
great joy, and the men all began to sing and to dance in two or
three groups, exhibiting signs of great pleasure at our coming.
But they had made all the young women retire into the woods,
except two or three who remained, to whom we gave each a
comb and a little tin bell, at which they showed great pleasure,
thanking the captain by rubbing his arms and his breast with
their hands. And the men, seeing we had given something to
the women that had remained, made those come back who had
fled to the woods, in order to receive the same as the others.
These, who numbered some twenty, crowded about the captain
and rubbed him with their hands, which is their way of showing
welcome. He gave them each a little tin ring of small value; and
at once they assembled together in a group to dance; and sang
several songs. We saw a large quantity of mackerel which they
had caught near the shore with the nets they use for fishing,
which are made of hemp thread, that grows in the country
where they ordinarily reside; for they only come down to the
sea in the fishing-season, as I have been given to understand.
Here likewise grows corn like pease, the same as in Brazil,
which they eat in place of bread, and of this they had a large
quantity with them. They call it in their language, *Kagaige*.
Furthermore they have plums which they dry for the winter as
we do, and these they call, *honnesta;* also figs, nuts, pears,

apples, and other fruits; and beans which they call, *sahé.* They
call nuts, *caheya,* figs, *honnesta,* apples. . . . If one shows them
something they have not got and they know not what it is,
they shake their heads and say, *nouda,* which means, they have
none of it and know not what it is. Of the things they have,
they showed us by signs the way they grow and how they
prepare them. They never eat anything that has a taste of salt
in it. They are wonderful thieves and steal everything they
can carry off.

## A Few Questions

1. Cartier refers to the people he meets as "savages." In a sixteenth-century French context, what is a savage? Make a list of behaviors, customs, or personal qualities that Cartier associates with the word *savage* in this text. Using your list as a point of departure, how might we define the concept of the "civilized" from Cartier's point of view? How does this conceptualization compare to the one you developed based on Gastaldi's map?

2. Cartier comments that the Native Americans are thieves, because they take "everything they can carry off." Cartier's reactions to the people he meets are grounded in his own culture, which validates the concept of private property and therefore severely penalizes infractions of property rights. In another social context, however, the actions of the Native Americans might be interpreted quite differently. What other interpretations are possible, in your opinion? What basic social values would be inherent to that society?

## A Matter of Opinion

The voyages of Cartier, Christopher Columbus, and other European explorers can be interpreted in various ways, depending on one's point of view. Read the statements below, and decide whether you agree or disagree. Then ask a partner in class. Do you both feel the same way? Give reasons for your opinions.

1. The European explorers should be honored for their voyages, because these voyages led to the influx of ideas and people on which the United States was founded and on which it still rests. They should also be honored for their

bravery, setting sail as they did with little in the way of navigational equipment and no hope of rescue.

2. The essential legacy of the European explorers was genocide on a continental scale. Many Native American populations were for all intents and purposes wiped from the face of the planet. The transatlantic trade in African slaves was also born of these voyages. How can we honor such men?

## *Research Project*

You are a teacher preparing a high-school history class about the European explorers. Your lesson will compare the travel journals of Jacques Cartier and Christopher Columbus. Prepare a lesson plan that details the objectives for the lesson as well as the questions you will ask your students. Make sure your lesson explores the differences and similarities of the authors' representations of their experiences.

# Discussion 7 (English)
## *Preserving Patrimony*

IMAGE: Benin, Bronze Plaque
TEXT: *Glasgow Herald,* "Battle Royal for Benin Relics"

## Benin, Bronze Plaque

### *Information*

From the fourteenth until the nineteenth centuries, the kingdom that the West knows as Benin, or Edo, as the people call themselves, their language, and their kingdom, flourished in West Africa. At the heart of the political, religious, and social life of the kingdom was the *oba*, or king, who ruled by virtue of his descent from Oranmiyan, the legendary founder of the dynasty. The power and grandeur of the kingdom was commemorated through its art, including some nine hundred bronze plaques, which stand as a testament to court life.

### *A Closer Look*

Look at the bronze plaque on the following page. Make a list of cultural elements included in the design. Consider dress, transportation, and cultural practices, for example. When you have finished your list, answer the questions that follow.

1. Locate Benin and Nigeria on a map. The ancient capital of the kingdom, known now as Benin City, is not in the country of Benin. Where is it located?
2. The bronze plaques represent various aspects of life in the kingdom of Benin. Looking at this plaque, what activity is represented? What details contributed to your assessment?
3. How many different groups of people are represented on the plaque? How do you know? Consider body decoration as well as dress in formulating your response.
4. In your opinion, which of the figures on the plaque is the group leader? In what ways is the representation of the

leader unique or different from the representation of the other figures?

## In Writing

Imagine that you are a movie producer and you have decided that your next movie will be a historical film set in Africa. You select the Edo people and the kingdom of Benin as the focus of the movie. The history of Benin, however, is long and colorful. Should you do a film about Oranmiyan and the legend of the founding of the kingdom? Or perhaps a film about the arrival of the Portuguese in the late fifteenth century? Do some research, and prepare a brief synopsis of the plot of the movie you will make.

# *Glasgow Herald,* "Battle Royal for Benin Relics"

## *Information*

In 1897, a British military expedition to Benin brought thousands of artifacts back to England as war booty. Subsequent sales of the artifacts, both to museums and to individuals, led to their dispersal throughout Europe, Great Britain, and the United States. The expedition of 1897 had a significant impact on Benin life in other ways, too: the independent warrior kingdom of Benin was incorporated into the British Protectorate of Nigeria. Today the city of Benin, the former capital of the kingdom, is part of the modern Nigerian state.

## *If It Were Me . . .*

For each of us, there is an object or objects invested with deep personal meaning. Such objects may commemorate important moments in our lives; they may represent an affiliation we hold especially dear, or they may remind us of our greatest achievements. Think for a moment about such an object in your life, and then discuss the following questions with a classmate:

1. What object or objects are particularly significant for you? A ring? Photos? Something else?
2. Why is this object important to you? What does it represent in your life?
3. How would you feel if you lost the item? What would you do to get it back?

## *At First Glance*

1. Look at the title of the article and the name of the newspaper. What conflict will be described in the body of the article? Who is involved?

2. The first paragraph evokes the British military expedition of 1897. Check an encyclopedia to find out what happened. Why did the British attack the kingdom of Benin?

3. Read the first two paragraphs of the article. Why do you imagine that a museum would refuse to return the artifacts? What would your answer have been if you were the director of this museum? Why?

4. In the third paragraph, mention is made of the Africa Reparations Movement. Judging from the first paragraphs of the article, what is the mission of this organization? What other countries might this organization target in addition to Scotland? Verify your hypothesis by searching the Internet (key words: "africa reparations movement").

# *Glasgow Herald*, "Battle Royal for Benin Relics"

The director of a Scottish museum was at the centre of an international row last night over the rights of a small African nation to reclaim royal artifacts plundered by British colonial troops a century ago.

A formal request by the King of Benin for the return of 22 bronze and ivory relics before the anniversary of their theft in February has been rejected by Mr. Julian Spalding, the director of Glasgow's museum.

The struggle to wrest the pieces from Kelvingrove Art Gallery, where they sit in a glass case, has been taken on by Mr. Bernie Grant, MP, who is also the chairman of the Africa Reparations Movement.

He maintains the controversy echoes Scotland's own fight to have the Stone of Destiny returned from Westminster, granted only last year by the Government.

He has the endorsement of a local Labour MP, Mr. George Galloway and, it is understood, the tacit support of Glasgow City council, which has been advised by Mr. Spalding not to comply with demand of the Benin royal family.

Mr. Grant is in the city this weekend to champion his cause and to call on Scots to look to their own feelings of national identity to understand what motivates the royals of Benin, which neighbours Nigeria in west Africa.

Yesterday, as he viewed the Benin collection, Mr. Grant was involved in an amicable but heated meeting with Mr. Mark O'Neill, the museum's head of curatorial services.

Most of the Benin religious and cultural objects currently in British museums and other institutions were looted in

February 1897 from Benin City during the battle to carve up
Africa into spheres of influence by the major European powers.

Mr. Grant, who appeared genuinely moved when shown
the majestic carved relics, said: "These belong to a living
culture and have a deep historic and social value which goes far
beyond the aesthetic and monetary value which they hold in
exile.

"For many years now, there has been a demand for these
religious and cultural objects to be returned to Benin and, as
the centenary of their looting approaches, the strength of feeling
around this has intensified."

There are precedents that would allow Glasgow to return
the relics to Benin. In 1992, aboriginal human remains were
returned to Australia and talks with native Americans led to the
return of a Sioux Ghost Shirt, a garment taken from the body of
a brave after the US Army slaughtered more than 200 men,
women, and children in 1890.

The largest collection of Benin relics in Britain is held at
the Museum of Mankind in London, which refuses to enter into
discussions about their return.

Mr. Grant, who was acting as a spokesman for the Benin
royal family, said: "I am not saying that all of them should be
taken away, only the significant ones."

"The Scots set a lot of store on the Stone of Destiny. Now
that it has been returned I think the rest of the world will see
the Scots as being two-faced if they are quite happy to have
their relic returned but not do the same themselves."

Mr. Grant said the relics are part of a "surviving and living
culture" that relies on them as a guide to traditional ceremonies
and dress.

"The Africans draw and make sculptures to consult rather

than write things down; many ceremonies are now not being performed satisfactorily because many of the bronzes are missing," he said.

Mr. O'Neill said the museum had a "moral imperative to preserve the heritage of Glasgow and enlighten local people about Benin."

However, Mr. O'Neill said the museum could be sympathetic to the request despite Mr. Spalding's letter, which states: "though it is possible for our museum service to restitute items . . . we cannot advise the City Council this should happen in this case . . . these artifacts have an important role to play in the public sector."

Mr. O'Neill said he would have to be convinced by an independent expert that Glasgow's collection was unique before restitution could be considered. He told Mr. Grant: "If we went through every object and assessed how it got here, then we could be in a situation where we were repatriating 60 or 70% of our collection and I don't think society has reached that stage.

"The bottom line here is that we are not in the business of redressing historic wrongs."

## A Few Questions

1. In a few sentences, explain museum officials' point of view. Why do they feel that the return of the relics would have a negative impact on the museum?

2. Who would benefit from the return of the relics? How would the relics be used?

3. What are the elements of argumentation used by Mr. Grant? Make a list of these elements. You might consider modal verbs, conjunctions, hypothetical sentence structures, analogies, and examples, for instance.

## A Matter of Opinion

Property rights have been and will continue to be difficult ethical and legal issues in the modern world. The definition of what can be owned is shifting, as is the extent to which ownership can be enforced in the face of conflicting claims. Consider the following situations. If you were a judge, what would you decide? Why? Discuss each case with a partner in your class. Do you agree with each other? Why or why not?

1. During World War II, certain paintings were looted from the home of a French art collector. Many years after the war, the collector saw two of his paintings in a museum in Ohio. The paintings had been donated to the museum twenty years earlier and formed the nucleus of a much-visited and educational permanent exposition on modern art. The collector filed a suit to attempt to recover his property.

2. A travel agent took a photo of a seascape, which he later used to illustrate brochures for his travel business. He was sued by an architect, who wanted royalties for pictures

that featured houses built to the architect's designs, since the pictures were being used for commercial purposes.

## Research Project

The Glasgow museum has refused to return the relics to Benin; consequently, a group has chosen to file a lawsuit to achieve this purpose. You have been retained as the attorney for this group. You must prepare a brief outlining arguments and evidence that support your case. Clearly, there are precedents: the return of the Sioux ghost shirt, and the return of the Stone of Destiny to Scotland. Research and write the section of your brief that presents these precedents. In what ways are those cases similar to yours? What rebuttal might your opposition find? Prepare answers for their rebuttal as well.

# Discussion 8 (French)
## *Expressing Autonomy*

IMAGE: Street Mural, Port-au-Prince, Haiti
TEXT: Haiti, *L'Acte de l'Indépendance*

# Street Mural, Port-au-Prince, Haiti

## *Information*

An anonymous street artist painted this mural shortly after Jean-Claude "Baby Doc" Duvalier was obliged to flee Haiti in 1986. Like his father before him, Baby Doc ruled as a dictator, maintaining power by relying on the Tontons Macoutes, the feared secret police. In their denim uniforms, with red neckerchiefs and sunglasses, the Tontons Macoutes intimidated or assassinated all opponents of the regime. After the fall of the Duvalier government, many members of the secret police were hunted down and butchered by a vengeful population.

## *Regardons de plus près*

Regardez cette affiche. Faites une liste des éléments ou des objets qui illustrent la vie quotidienne en Haïti. Lesquels de ces objets se trouvent aussi chez vous? Les utilisez-vous d'une manière différente? Qu'est-ce que cela révèle sur la vie en Haïti au moment de la création de cette affiche?

1. À votre avis, quelle est la profession de l'homme dont les mains sont coupées? Justifiez votre réponse.
2. Le texte est en créole, un mélange de français et de langues africaines. Vous allez y trouver deux verbes: *jigé* et *boulé,* soit en français, *jugez* et *brûlez.* Alors, comment dit-on "les," pronom d'objet direct, en créole? La première phrase est-elle affirmative ou négative? Comment le savez-vous?
3. Quel message l'artiste veut-il communiquer à ses concitoyens? D'après lui, faut-il être tolérant ou sévère avec les représentants de l'ancien gouvernement?

4. L'homme à gauche a une machette à la main. Cet outil
   nous rappelle l'économie des Caraïbes: À quel produit
   agricole en particulier la machette nous fait-elle penser?
   Est-ce un produit important en Haïti?

## Par écrit

Vous voyagez régulièrement en Haïti. Vous ne comprenez
toujours pas ce qu'on vous dit en créole. Afin de ne pas insulter
vos interlocuteurs, vous décidez de chercher la traduction française
des expressions que vous entendez le plus souvent: (1) Bonjou! Ki
jan ou ye? (2) Ki jan ou rele? (3) M bien kontan fè konesans ou.
(4) Ou pale fransè? (5) Souple! (6) Mèsi! (7) Orevwa. Faites les
recherches nécessaires pour vous constituer un petit lexique bi-
lingue. Quelles règles de grammaire pouvez-vous dégager de ces
phrases?

# Haiti, *L'Acte de l'Indépendance*

## *Information*

The French Revolution of 1789 inspired slaves in what was then the French colony of Saint Domingue to seek their own independence. This struggle was not without bloodshed—hundreds on both sides were massacred in the slave revolt of 1791. Years of strife followed the uprising, culminating in the consolidation of territory and power under Toussaint-Louverture in 1800. Toussaint-Louverture did not live to see the formal independence of Haiti: he was captured and imprisoned in France, where he died in 1803. It was left to General Jean-Jacques Dessalines to proclaim the existence of the world's first black republic, in 1804.

## *Et si c'était moi...*

Il y a sans doute une question politique ou sociale qui vous tient à cœur: l'environnement, le racisme, le terrorisme, la pauvreté. Alors, imaginez que vous décidez de vous engager politiquement pour présenter votre opinion sur l'une de ces questions. Parlez-en à un camarade de classe en précisant:

1. La question sociale ou politique à laquelle vous pensez, et pourquoi cette question est importante pour vous.
2. Ce que vous êtes prêt à faire:
   a. Je consacre du temps à préparer des affiches et des rapports.
   b. Je manifeste dans la rue.
   c. Je suis prêt à devenir candidat aux élections locales.

## *À première vue*

1. Même avant de lire le document suivant, vous avez une idée de ce que contient une déclaration d'indépendance.

Alors, citez trois mots qui, à votre avis, sont des mots essentiels à un document de ce genre. Certes, le mot *indépendance* est important, mais pensez à trois autres mots!

2. Regardez la première ligne du texte, ainsi que les signatures. Quel groupe, à votre avis, a incité le mouvement indépendantiste en Haïti?

3. Décrivez la situation politique en France lors du mouvement indépendantiste en Haïti. N'hésitez pas à consulter une encyclopédie si vous ne savez pas.

4. En répondant à la première question, vous avez cité trois mots. Maintenant, cherchez ces mots dans le document. Combien en avez-vous trouvé? Quels autres mots avez-vous repérés qui illustrent le thème de l'indépendance?

# Haiti, *L'Acte de l'Indépendance*

Armée Indigène
Gonaïves, le 1er janvier 1804, an 1er de
l'Indépendance
Aujourd'hui, premier janvier mil huit cent quatre, le
Général en chef de l'armée indigène, accompagné
des généraux, Chefs de l'armée, convoqués* à l'effet          summoned
de prendre les mesures qui doivent tendre* au              regard
bonheur du pays:

Après avoir fait connaitre aux généraux
assemblés, ses véritables intentions, d'assurer à
jamais aux indigènes d'Haiti un gouvernement
stable, objet de sa plus vive sollicitude: ce qu'il a
fait par un discours qui tend à faire connaitre aux
puissances étrangères* la résolution de rendre le          foreign powers
pays indépendant, et de jouir* d'une liberté              enjoy
consacrée par le sang* du peuple de cette île; et,         blood
après avoir recueilli* les avis, a demandé que            gathered
chacun des généraux assemblés prononçât* le               pronounce
serment* de renoncer* à jamais à la France, de            oath/renounce
mourir plutôt que de vivre sous sa domination, et
de combattre* jusqu'au dernier soupir* pour               combat/breath
l'indépendance.

Les généraux penétrés de ces principes
sacrés,* après avoir donné d'une voix* unanime           sacred/voice
leur adhésion au projet bien manifesté
d'indépendance, ont tous juré* à la postérité, à          swore
l'univers entier, de renoncer à jamais à la France, et
de mourir plutôt que* de vivre sous sa domination.        rather

Fait aux Gonaïves, ce premier Janvier mil huit cent quatre, et le premier jour de l'indépendance d'Haïti.

Signé: Dessalines, général en chef;

Christophe, Pétion, Clerveaux, Geffrard, Vernet, Gabart, généraux de division;

P. Romain, E. Gérin, F. Capois, Daut, Jean-Louis François, Férou, Cangé, L. Bazelais, Magloire Ambroise, J.-J. Herne, Toussaint Brave, Yayou, généraux de brigade;

Bonnet, F. Papalier, Morelly, Chevalier, Marion, adjutants-généraux

Magny, Roux, chefs de brigade;

Chareron, B. Loret, Macajoux, Dupuy, Carbonne, Diaquoi aîné, Raphaël, Malet, Derenoncourt, officiers de l'armée;

Boisrond Tonnerre, secrétaire

## *Avez-vous compris?*

Répondez en indiquant si les phrases suivantes sont vraies ou fausses, en fondant vos réponses sur le texte que vous venez de lire.

1. Les généraux prennent des mesures afin d'assurer le bonheur d'Haïti.
2. Les généraux voudraient établir un gouvernement stable en Haïti.
3. Les généraux veulent proclamer l'indépendance d'Haïti au monde entier.
4. Les rédacteurs de ce texte désirent être français à tout jamais.
5. Certains généraux votent pour, d'autres contre, l'indépendance.

## *À votre avis*

Le Code Noir, établi sous Louis XIV en 1685 et réaffirmé par le gouvernement de Napoléon en 1802, a fini par interdire l'immigration des Noirs en France, par peur de diluer le "sang pur" des Français. Dans les pays occidentaux, on contrôle toujours l'immigration de nos jours afin de limiter les dépenses publiques. Que pensez-vous de ce problème social? Lisez les phrases suivantes et dites si vous êtes d'accord ou pas. Ensuite, posez ces questions à deux ou trois camarades de classe. Sont-ils d'accord avec vous? Pourquoi ou pourquoi pas?

1. Il ne faut pas limiter l'immigration. Dans un pays démocratique, on devrait pouvoir accueillir des gens qui ont une vie dure ou dangereuse chez eux. D'ailleurs, les immigrés ont toujours contribué à la richesse culturelle et intellectuelle du pays d'accueil.

2. Il faut limiter l'immigration. Il est de plus en plus difficile de trouver un emploi; il y a beaucoup de gens au chômage.

3. Il faut interdire l'immigration des gens sans éducation et sans ressources. Ces gens-là sont utiles à rien; de plus, ils ont souvent besoin d'aide sociale.

4. On peut accepter l'immigration légale, mais il faut être sévère à l'égard de l'immigration clandestine. Pas question d'accueillir des immigrés qui arrivent en bateau, par exemple.

## Projet de recherche

Vous êtes spécialiste de dessin sur Internet. Vous voulez travailler à la préparation d'une nouvelle encyclopédie en ligne. Avant de vous confier le projet, on vous demande de préparer une page Web "type" sur Haïti: histoire, culture, politique. Préparez le texte et les images du dossier que vous allez soumettre. Justifiez le choix des images; quels aspects de la société haïtienne illustrent-elles?

# Discussion 9 (French)
## *Transforming the Social Order*

IMAGE: Eugène Delacroix, *La Liberté guidant le peuple*
TEXT: France, *Les Cahiers de Doléances*

## Eugène Delacroix, *La Liberté guidant le peuple*

### *Information*

Eugène Delacroix (1798–1863), who painted brilliant canvases of historic scenes in a Romantic style, painted *La Liberté* to commemorate the Revolution of July 1830. This revolution, the most dramatic moments of which occurred on the three days known as the "Trois Glorieuses," was a reaction to the increasingly repressive policies of the Restoration monarchy under Charles X. During those three days, Paris revolted; barricades and armed citizens filled the streets, ending the reign of the Bourbon kings and ushering in the constitutional monarchy headed by Louis-Philippe.

### *Regardons de plus près*

Regardez le tableau. Comment Delacroix représente-t-il la Révolution de 1830? Choisissez l'adjectif qui correspond le mieux à votre avis: passionné, violent, dynamique, tragique, confus, terrifiant, victorieux? Pourquoi avez-vous choisi cet adjectif? Maintenant, répondez aux questions suivantes.

1. Comment savez-vous qu'il s'agit de la France? Quels éléments dans le tableau sont spécifiques à ce pays?

2. Les vêtements sont souvent signes d'appartenance à un groupe social, politique, ou économique. D'après les vêtements représentés dans le tableau, quels milieux sociaux ont participé à la Révolution de 1830? Quelles conclusions pouvons-nous en tirer à l'égard des sympathies de l'artiste?

3. Lorsque Delacroix a montré ce tableau au Salon de 1831, certains l'ont accusé d'avoir diffamé la Révolution en peignant un tableau sans dignité. Á votre avis, quels détails du tableau auraient provoqué une telle réaction? Y a-t-il

des images que vous jugez convenables à la représentation des grands thèmes patriotiques ou religieux? D'autres que vous trouvez malséantes, choquantes? Donnez des exemples.

## Par écrit

Vous travaillez au musée du Louvre. Vous êtes chargé de rédiger le texte du panneau qui accompagnera le tableau de Delacroix, pour en expliquer le sujet. Puisque vous êtes limité à un texte de trois cents mots, il vous faut évoquer en quelques paragraphes les événements essentiels de la Révolution de 1830, ainsi que les raisons socio-politiques qui l'ont motivée. Faites les recherches nécessaires.

# France, *Les Cahiers de Doléances*

## *Information*

As part of the regulation of January 24, 1789, lists of grievances known as the *Cahiers de Doléances* were compiled to guide
the deliberations of the deputies elected to the Estates General.
The *Cahiers* expressed specific, local grievances as well as a more
abstract general need to protect such individual liberties as freedom
of speech and freedom from false arrest and prosecution. Historians
today study the *Cahiers* to learn about daily life in eighteenth-
century France and to understand the causes of the French Revolution of 1789.

## *Et si c'était moi . . .*

Vous avez sûrement déjà été victime d'une injustice une fois
dans votre vie: vous avez peut-être été accusé à tort ou on ne vous
a pas accordé un prix ou une bourse que vous méritiez. Racontez
cet évènement à un partenaire dans la classe en précisant:

1. La situation: Qu'est-ce qui s'est passé?
2. Votre réaction: Avez-vous accepté la situation sans rien
   dire? Si non, qu'est-ce que vous avez dit? Qu'est-ce que
   vous avez fait?
3. La suite des événements: Comment tout cela s'est-il terminé? Étiez-vous satisfait du résultat?

## *À première vue*

1. Regardez les titres des catégories. Quelles étaient les pré-
   occupations politiques, économiques, et sociales des auteurs de ces textes?
2. Le "Tiers État" est évoqué dans la deuxième catégorie.

Qui étaient les membres du Tiers État? Quels autres ordres existaient à l'époque? Quelles classes sociales y sont
associées? N'hésitez pas à faire des recherches supplémentaires au besoin.

3. Dans la troisième catégorie, il est question de la "gabelle,"
   un impôt sur le sel. Pourquoi le sel est-il si important
   dans cette société? Pensez un peu aux technologies qui
   existaient—ou n'existaient pas—à l'époque. Quelles différences voyez-vous entre la vie quotidienne au dix-
   huitième siècle et au vingt et unième siècle?

4. Les personnes concernées dans la quatrième catégorie,
   sont-elles des paysans ou des citadins? Comment le savez-
   vous? Faites une liste des mots et des phrases qui vous
   ont été utiles pour répondre à cette question.

# France, *Les Cahiers de Doléances*

Milice:* Il paraîtrait aussi qu'il serait plus avantageux à l'État d'exempter le fils d'un bon laboureur de la milice que de donner cette exemption aux domestiques* des nobles et à ceux des ecclésiastiques. La raison est trop évidente pour avoir besoin d'être démontrée. [La Mothe-en-Blaisy, art. 4]

militia

servants

Impôts:* Le Tiers-État étant le plus nombreux des deux autres et que, sans posséder qu'une très petite partie des biens du royaume* ils paient presque tous les impôts, il demandent comme la chose la plus juste et la plus nécessaire que les trois États du Royaume soient tenus* de payer à proportion de leurs biens* et de leurs industries. [Humberville, art. 4]

taxes

kingdom

obliged

assets

Gabelle:* Les gabelles sont un impôt désastreux, le grenier* à sel où nous sommes obligés de prendre celui des communautés est à neuf lieues* de notre paroisse,* ce qui occasionne des frais* considérables pour le transport. Le prix en est exorbitant: il se paie plus de 13 sols* 6 deniers, ce qui expose les particuliers à des contraventions ruineuses, à des vexations, des persécutions de la part de suppôts* de la ferme. Cette marchandise est de première nécessité et un prix modique mis au commerce ferait le bien du roi et de ses sujets en ce qu'il s'en ferait une plus grande consommation et que le roi ne serait plus

salt tax
storehouse

leagues/parish
expenses
unit of money

henchmen

| | |
|---|---|
| maintain | attenu à entretenir* tant d'officiers dans les greniers à sel. [Fréville, art. 9] |
| hunting<br>complain | Chasse:* La Communauté croit devoir se plaindre* et être persuadée que l'intention de Monseigneur le duc de Luxembourg, seigneur de ce lieu, n'est pas que sa terre soit peuplée et garnie de |
| hares/rabbits<br>private hunting ground | lièvres* et de lapins.* Mais ces garennes* qui sont entre les terres de ses pauvres vassaux cultivateurs en abondance de |
| harvest | manière qu'ils ne puissent rien récolter* dans leurs terres qu'ils ont tant de peine à |
| sow | ensemencer,* tandis que ses conservateurs et amodiateurs de ses domaines les conservent et les laissent garnis de cent sortes de |
| game | gibiers* destructeurs jusqu'à ce point-là qui est arrivé différentes fois, principalement autour de ses garennes, que les cultivateurs ont ensemencé après bien des peines de culture et n'ont rien récolté sur les terres |
| neighboring | qui les avoisinnent.* Les lièvres se multiplient à proportion, occasionnent aussi |
| damage | un dégât* considérable, ce qui est appréciable pour des pauvres malheureux |
| farming | qui n'ont d'autre ressource que la culture.* [Montangon, art. 8] |

## *Avez-vous compris?*

Répondez en indiquant si les phrases suivantes sont vraies ou fausses, en fondant vos réponses sur le texte que vous venez de lire.

1. Les nobles ne sont jamais exemptés du service militaire.
2. Le Tiers État paie plus d'impôts que les deux autres ordres.
3. Normalement, le grenier à sel se trouve près du village.
4. Le prix du sel est très élevé à l'époque.
5. Les agriculteurs se plaignent de ce que les lapins mangent tout ce qu'ils sèment.

## *À votre avis*

Face à l'injustice sociale, deux choix sont possibles. On peut tenter de réformer le gouvernement existant, ou bien d'établir un nouveau gouvernement, ce qui implique une révolution plus ou moins violente. Quelle est la meilleure solution? Lisez les phrases suivantes et dites si vous êtes d'accord ou pas. Justifiez votre réponse. Ensuite, posez ces questions à deux ou trois camarades de classe. Sont-ils d'accord avec vous? Pourquoi ou pourquoi pas?

1. Cela ne sert à rien de faire connaître les problèmes sociaux aux représentants du gouvernement. Ils disent n'importe quoi pour se faire élire mais ils ne font rien pour le peuple.
2. Dans les pays démocratiques au moins, le peuple a accès au pouvoir. C'est en votant qu'on met en place des solutions équitables pour l'avenir.
3. La révolution est une solution trop violente. Même si le pays arrive à se débarrasser de la dictature, la révolution aura fait des blessés et des morts. La révolution coûte donc trop cher en termes humains.

4. Pour mettre fin à un régime totalitaire, il faut être prêt
   à tout. Il faut même envisager des solutions violentes ou
   militaires, car autrement, rien ne changera. Les dictateurs
   resteront au pouvoir, et les abus du pouvoir continueront.

## Projet de recherche

Vous êtes journaliste à la fin du dix-huitième siècle. C'est à
vous de faire le bilan des événements du jour en France. À l'époque
où vous travaillez, c'est un travail passionnant parce que vous vivez
des moments qui marqueront l'histoire de ce pays. Choisissez une
date entre 1789 et 1793 (la période de la Révolution Française),
et faites un reportage sur ce qui se passe en France ce jour-là.

# Discussion 10 (French)
## *Living Difference*

IMAGE: Page from a Qur'an Manuscript
TEXT: Calixthe Beyala, *Le Petit Prince de Belleville*

# Page from a Qur'an Manuscript

## *Information*

The image reproduced here is a page from a two-volume Qur'an, the sacred text of Islam considered by Muslims to contain the revelations of God to the prophet Mohammed. The word *Qur'an* derives from the Arabic for "reading" or "reciting." This manuscript dates from the thirteenth or fourteenth century. It is large, twenty-one by twenty-two inches, and written in ink and gold on vellum, the fine calfskin that was favored as a writing material in the Middle Ages.

## *Regardons de plus près*

Regardez cette page manuscrite. En vous appuyant sur vos connaissances générales quant à la mise en page des livres, quels éléments (titre, sous-titre, paragraphe, illustration) pouvez-vous identifier sur cette page? Quelles différences voyez-vous? Une fois que vous avez terminé votre liste, répondez aux questions suivantes.

1. Pour les historiens de l'art médiéval, les manuscrits du Coran constituent un trésor artistique inestimable. À votre avis, quelle est l'importance de l'art sur la page manuscrite que vous avez sous les yeux? Identifiez les éléments décoratifs sur cette page.

2. Au Moyen Age, les artistes les plus doués étaient chargés de la préparation des manuscrits religieux, chrétiens aussi bien qu'islamiques. Pourquoi faire un tel effort pour embellir le manuscrit? Qu'est-ce que cela apporte de plus?

3. La première ligne du manuscrit est le titre d'une "sourate." Consultez un dictionnaire. Quelle est la fonction de la sourate dans le texte?

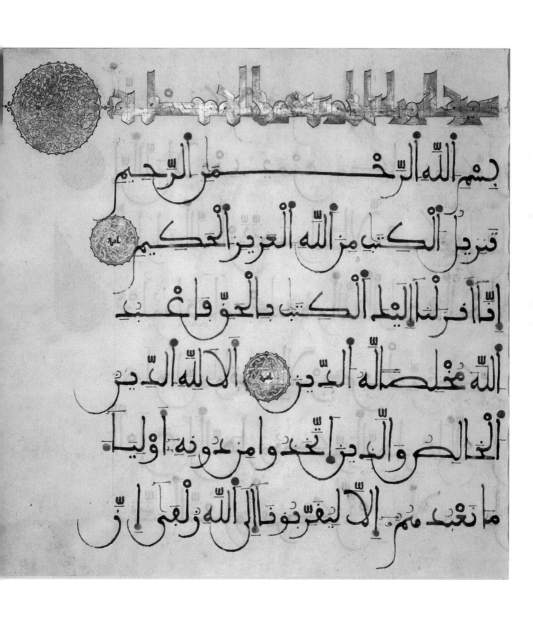

## *Par écrit*

En 1972, au Yémen, lors de la restauration de la mosquée
de Sana'a, on a découvert quelques fragments manuscrits du Coran.
Certains de ces manuscrits sont à compter parmi les plus anciens
vestiges de l'Islam. On a remarqué quelques variantes par rapport
au texte standard du Coran moderne qui est censé représenter la
parole inchangée de Dieu. Du coup, le monde musulman a dû faire
face à un conflit entre la religion et l'histoire. Vous êtes l'assistant
au président d'un conseil de recherches. Le président veut savoir
s'il devrait favoriser les recherches dans ces archives yéménites.
D'un côté, les chercheurs évoquent l'importance historique de ces
archives; de l'autre, un groupe de Musulmans orthodoxes se dé-
clarent offensés par ce qu'ils estiment être une atteinte portée à leur
credo. . . . À vous d'écrire un rapport qui présente les deux points
de vue tout en recommandant une prise de position à votre patron.

# Calixthe Beyala, *Le Petit Prince de Belleville*
## *Information*

In this novel, written in 1992, we see life as an African immigrant in modern Paris through the eyes of Loukoum, the ten-year-old "Little Prince of Belleville." Loukoum's story reveals the cultural distance between his black Muslim family and his white French schoolmates and teachers. The author, Calixthe Beyala, was born in Cameroon in 1961; her childhood was marked by the extreme poverty of her surroundings. She later emigrated to France in order to attend the university there. She is the author of several novels and is a firm supporter of women's rights.

### *Et si s'était moi . . .*

Lorsque vous étiez à l'école, il y a sans doute eu des fois où vous ne pouviez pas répondre aux questions de votre professeur. Vous n'aviez pas fait vos devoirs ce jour-là, ou bien vous n'aviez tout simplement pas compris la leçon. . . . Racontez ces moments à un partenaire dans la classe en précisant:

1. Vos actions: Qu'avez-vous dit? Qu'avez-vous fait?
2. La réaction du professeur: Le professeur, était-il compréhensif?
3. Vos sentiments: Qu'avez-vous ressenti à ce moment-là? Qu'est-ce que vous auriez aimé dire? Faire?

### *À première vue*

1. Regardez les mots soulignés dans le texte. Quelles différences y a-t-il entre ces groupes de mots et le français standard? Faites une liste des caractéristiques du parler argotique (slang) d'après les mots soulignés.

2. Certaines différences entre la civilisation française et la civilisation africaine islamique sont claires dès les premières
   phrases. Lisez les trois premières phrases et décrivez ces
   différences. À votre avis, quelles difficultés Loukoum
   a-t-il à l'école? Pourquoi?

3. Lisez le troisième paragraphe. D'après le contexte, donnez
   un synonyme du mot *môme*. Soulignez les mots ou les
   bouts de phrases qui vous ont été utiles pour répondre à
   cette question.

4. D'après votre lecture du troisième paragraphe, quelle est
   la situation des femmes dans cette société?

## Calixthe Beyala, *Le Petit Prince de Belleville*

Je m'appelle Mamadou Traoré pour la gynécologie, Loukoum pour la civilisation. J'ai sept ans pour l'officiel, et dix saisons pour l'Afrique. C'était juste pour pas prendre de retard à l'école. D'ailleurs, je suis le plus grand de la classe, le plus fort aussi. Normal, puisque les Noirs sont plus forts que n'importe qui. C'est comme ça. J'habite 92, rue Jean-Pierre-Timbaud, cinquième étage sans ascenseur. Nous sommes un tas* à la maison, et si vous connaissez le coin vous savez que c'est toujours plein de tribus qui viennent d'Afrique et qui vivent en tas sans négliger personne. Solidarité oblige.

    J'ai toujours été sage. Alors, si vous pouvez me faire un signe pour savoir ce qui m'arrive. Cet automne, après que le père est parti au travail, j'ai entendu les mères se chamailler.*

    Les mères? Eh bien! J'en ai deux et c'est elles qui sont les causes de tout ce raffut!* Vous savez bien! C'est passé dans les journaux. Un nègre avec deux femmes et un tas de mômes pour toucher les allocations familiales.* Ça a fait un foin de diable! J'étais sur le cul!* Mais zut alors! Comment j'aurais pu savoir que tout le monde n'avait qu'une femme et qu'un môme n'avait qu'une mère? Moi, je pensais tout naturellement que les enfants de l'école en avaient aussi deux, mais jamais je ne leur ai rien demandé, vu qu'il <u>fallait pas</u> en parler.

| | |
|---|---|
| un tas* | bunch (slang here) |
| se chamailler* | quarrel (slang) |
| raffut!* | commotion (slang) |
| allocations familiales* | welfare |
| sur le cul!* | butt, ass (slang) |

Mais vaut mieux que je commence par le commencement et par vous dire pourquoi les mères se sont chamaillées. C'était à cause que je savais pas lire et que la maîtresse, Mademoiselle Garnier, m'a harponné* tout de suite, comme elles le font toujours.

spotted me (slang)

Elles sont marrantes,* ces maîtresses, <u>je sais pas</u> comment ça se fait, mais elles sont toutes pareilles. Elles vous posent toujours les mêmes questions, et quand on veut leur expliquer que nous, on apprend le Coran et que le Coran est toute la science infuse qu'il y a sur terre et que le père est conseiller auprès d'Allah et que d'ailleurs <u>j'ai pas besoin</u> d'apprendre à cause que les femmes vont bosser* pour moi, elles se regardent en secouant la tête et en disant:

funny (slang)

work (slang)

"Oh! c'est affreux.* Le pauvre gosse.*"

terrible/kid (slang)

Toujours est-il que Mademoiselle Garnier m'a demandé où j'habitais exactement, ce que faisaient mon père et ma mère, si je savais lire et écrire et tout ce qui s'ensuit, et quand j'ai répondu: "Et comment, que je sais lire," elle m'a apporté le livre en question, pour voir. Un livre épatant,* d'ailleurs, du moins d'après ce que j'ai pu piger.* Ça parlait d'un gosse, un petit prince qui voit un chapeau qui se transforme en serpent et c'était chouette.* Qu'est-ce que je donnerais pour pouvoir remettre la main dessus et savoir comment ça finit. . . . Si vous savez quelque chose, écrivez-moi à l'adresse ci-dessus indiquée.

great (slang)
understand (slang)

neat (slang)

Pour en revenir à Mademoiselle Garnier, en voyant tout le mal que ce livre me donnait, elle a ajusté ses lunettes, elle m'a regardé et elle a fait:

"Hum . . . Hum . . . je m'en doutais!"

C'est vrai que c'était pas comme sur des roulettes. C'est pas qu'il y avait des mots difficiles, mais le type qui l'avait écrit avait des mots kilométriques, des mots et des mots à rallonges.*      extended

"Mamdou, tu aurais dû me dire que tu ne savais pas lire. Tes parents ne t'ont-ils jamais dit qu'un petit garçon ne doit pas mentir?*"      lie

"D'abord, je suis pas un petit garçon. Ensuite, je sais lire, M'amzelle. Seulement ce truc-là, c'est écrit si bizarre!"

"Oserais*-tu insinuer que Saint-Exupéry ne maîtrisait pas les règles élémentaires de la grammaire française?"      dare

"Connais pas qui c'est ce type. Mais j'sais une chose, c'est que son machin est drôlement construite et que personne ne pourrait rien y piger. Tenez, je vais vous faire voir."

J'avais un chewing-gum dans la bouche. Je l'ai sorti sur le bout de ma langue et j'ai fait une bulle. Ça a pété* clash! puis je suis allé au tableau, alors, j'ai écrit.      burst

"Tenez," je lui dis en montrant du doigt où c'était, "regardez ça:" Wa ilâhoun Wâhid, lâ ilâha illâ houwa rahmânou-rahîm.

Là, elle m'a arrêté, et qu'est-ce qu'elle m'a passé! Elle voulait pas croire que je lisais pour de bon. Moi, je lui disais pourtant que c'était inscrit là sous son nez, en toutes lettres, que: "Votre Dieu est un Dieu unique, nul autre Dieu

merciful

que lui, clément, le miséricordieux.*"

"Vous voyez bien," je lui ai dit, "que c'est vous qui comprenez rien."

Alors elle a fait: "Eh bien, ça c'est le

That's it! (slang)

bouquet!*"

Ça lui a suffi. Elle a dit qu'un garçon que sait pas lire autre chose que le Coran, c'est

shameful

honteux* et contraire au mode de vie français, et qu'elle allait saisir l'inspection académique et me mettre dans une école spécialisée.

## *Avez-vous compris?*

Répondez en indiquant si les phrases suivantes sont vraies ou fausses, en fondant vos réponses sur le texte que vous venez de lire.

1. Les Africains qui habitent à Paris ne s'occupent pas les uns des autres.
2. Loukoum croit que tous les enfants ont deux mères.
3. Loukoum pense que c'est aux femmes de travailler pour lui.
4. Loukoum sait lire et écrire, mais pas en français.
5. À la fin, le professeur se déclare satisfait des progrès de Loukoum.

## *À votre avis*

Dans le texte, le professeur dit qu'il est "contraire au mode de vie français" de ne lire que le Coran. Et en effet, les immigrés qui ne s'adaptent pas à la vie en France sont parfois critiqués. D'autre part, ces immigrés revendiquent le droit de conserver leur culture et de transmettre cette culture à leurs enfants. Qu'en pensez-vous? Lisez les phrases suivantes et dites si vous êtes d'accord ou pas. Ensuite, posez ces questions à deux ou trois camarades de classe. Sont-ils d'accord avec vous? Pourquoi ou pourquoi pas?

1. Si on choisit de venir vivre dans un pays, on doit essayer de s'adapter à la culture de ce pays. Après tout, les habitants de ce pays n'ont pas demandé qu'on vienne vivre chez eux.
2. Où que l'on habite, on a le droit de conserver ses traditions, et de transmettre ces traditions à ses enfants. Après tout, perdre ses traditions, c'est perdre son identité.

3. On devrait interdire les ménages polygames, car les femmes dans ces ménages sont souvent maltraitées.

4. Non seulement la polygamie fait partie d'un mode de vie traditionnel, mais le Coran autorise tout musulman à avoir jusqu'à quatre épouses. Les non-musulmans n'ont pas le droit d'intervenir; ils doivent respecter les traditions musulmanes.

## *Projet de recherche*

Vous êtes journaliste, et vous préparez une série d'articles sur l'immigration en France. Vous commencez par "l'affaire des foulards" (1989), ce conflit entre l'école laïque et les jeunes filles musulmanes qui tenaient à porter le foulard islamique même en cours de gymnastique. Dans votre article, il faut présenter les détails de l'histoire ainsi que les arguments utilisées des deux côtés.

# Appendix

*Supplementary Texts in French*

# Discussion 1
## *Representing Values and Identity*

TEXT: Joseph Zobel, *La Rue Cases-Nègres*

# Joseph Zobel, *La Rue Cases-Nègres*
## *Information*

*La Rue Cases-Nègres* was published in 1950, when few Martiniquais authors were actually read in Martinique. Although Aimé Césaire had already published his *Cahier d'un retour au pays natal* (1939), with its emphasis on what came to be known as *négritude,* or the revitalization of black identity through the rediscovery of African heritage, France and French writers were still the model in Martinique. Joseph Zobel (b. 1915) was therefore among the first to write about the Creole experience from a first-person point of view.

## *Et si c'était moi . . .*

Par sa forme aussi bien que par son contenu, le conte populaire témoigne du milieu social dans lequel il s'inscrit. Ce type de récit comporte souvent une fonction moralisatrice ou normative. Ainsi, l'étude du conte populaire nous permet de mieux comprendre les structures sociales de la collectivité dont il est issu.

Enfant, vous aviez sans doute un conte préféré. Racontez ce conte à un partenaire dans la classe. Ensuite, avec votre partenaire, répondez aux questions suivantes:

1. Y a-t-il une morale? Cette morale, est-elle implicite ou explicite?
2. Quelles valeurs sociales ce conte véhicule-t-il? Comment ces valeurs s'articulent-elles? Y a-t-il un personnage qui sert de porte-parole?
3. Êtes-vous d'accord avec les valeurs exprimées dans ce conte? Voudriez-vous les transmettre à vos enfants?

## À première vue

1. Raconter, c'est un acte rituel. Lisez les premières lignes du texte, jusqu'à "J'ai bien répondu au préambule." Comment le début du conte est-il structuré? Qui y participe? Quelle comparaison pouvez-vous faire entre ce conte créole et le conte de fée en anglais?

2. L'auteur essaie de reproduire les rythmes du parler oral, qui se caractérise souvent par la répétition et par une syntaxe moins rigoureuse qu'à l'écrit, entre autres choses. Lisez les deux paragraphes qui commencent par "Eh bé!" et faites une liste des éléments qui caractérisent le registre oral.

## Joseph Zobel, *La Rue Cases-Nègres*

| | |
|---|---|
| ritual call to attention and ritual answer by audience in francophone Caribbean storytelling | "Eh cric!*"<br>"Eh crac!*"<br>Mon cœur repart d'un grand galop, mes yeux s'embrasent.<br>"Trois fois bels contes!"<br>"Tous les contes sont bons à dire."<br>"Quelle est la mère de Chien?"<br>"Chienne."<br>"Le père de Chien?"<br>"Chien."<br>"Abouhou!"<br>"Biah!"<br>J'ai très bien répondu au préambule. |
| breath | Un silence. Je retiens mon souffle.* |
| Rabbit<br>cloth | "Eh bé! y avait une fois, repart lentement M. Médouze, au temps où Lapin* marchait en costume de toile* blanche et chapeau Panama; au temps où toutes les traces de Petit-Morne étalent pavées de diamants, de rubis, de topazes (toutes |
| gold<br>honey | les ravines coulaient de l'or* et le Grand Étang était un bassin de miel*), au temps où moi, Médouze, j'étais Médouze; il y avait une fois, en ce temps-là, un vieil homme qui vivait tout seul dans un château, loin, loin, loin. |
| liar | "Un menteur* dirait loin comme d'ici à Grand-Rivière. Mon frère, qui était un peu menteur, aurait dit comme d'ici à Sainte-Lucie. |
| not at all | Mais moi, qui ne suis point* menteur, je dis que c'était loin comme d'ici en Guinée. . . . hé cric!" |

"Hé crac!"

"Cet homme vivait seul, il était d'un certain
âge," reprend Médouze; "mais il ne manquait*      lacked
de rien. Un matin, il enfila* ses bottes, prit son    slipped on
chapeau et, en ayant soin de ne rien boire ni
manger, il enfourcha* son cheval blanc et partit.     mounted

"D'abord, le voyage commença dans un
parfait silence. Comme si le cheval galopait sur
des nuages. Puis, avec le lever du soleil,* l'homme   sunrise
fut* lui-même étonné d'entendre* une musique          was/hear
qui le suivait. Il ralentit, la musique se fit* lente*  became/slow
et sourde.* Il s'arrêta; silence. Il éperonna* sa      muffled/spurred
monture, la musique recommença.

"Il se rendit compte* alors que c'étaient les          realized
quatre fers du cheval* qui jouaient aussi             horseshoes
harmonieusement":

> *C'est le bal de la reine,*
> *Plakata, plakata*
> *C'est le bal de la reine,*
> *Plakata, plakata.*

> Mais quelle musique!

> *C'est le bal de la reine.*

Médouze chante. De sa voix sombre et
râpeuse,* il imite cent violons, vingt "mamans-        grating
violons" (violoncelles), dix clarinettes et quinze
contrebasses.*                                         double bass

Gagné à sa ferveur, je reprends avec lui la
chanson magique:

*Plakata, plakata.*

    Mais, hélas! voilà que la voix de m'man Tine retentit* et vient briser* notre duo. Il faut que, le cœur lourd* de regret, contrarié* à en pleurer, je renonce* à la suite de la féerique histoire, et que j'abandonne précipitamment mon vieil ami en lui jetant un hâtif* "bonne nuit."

    Il en est ainsi* presque chaque soir. Je ne peux jamais entendre un conte jusqu'à la fin. Je ne sais si c'est m'man Tine qui m'appelle trop tôt, quoiqu'elle me gronde* toujours de m'être trop attardé,* ou si c'est Médouze qui ne raconte pas assez vite. En tout cas, il n'est pas de soir où je ne le quitte sans que mon cœur et ma curiosité soient inapaisés.*

echoed/break
heavy/vexed
give up

hasty
thus, this way

scold
lingered

unsatisfied

### *Avez-vous compris?*

Répondez en indiquant si les phrases suivantes sont vraies ou fausses, en fondant vos réponses sur le texte que vous venez de lire.

1. L'enfant, José, n'a aucun rôle à jouer; il reste silencieux.
2. Le château du vieil homme est tout près du village de M. Médouze.
3. M. Médouze est un menteur.
4. Le vieil homme a enfin trouvé la source de la musique mystérieuse.
5. Le chant et les effets sonores font partie de l'histoire de M. Médouze.
6. José s'endort avant la fin de l'histoire.

### *À votre avis*

La créolité, en tant que façon de penser l'identité d'un peuple, n'est pas sans controverse à la Martinique, où elle s'oppose à la négritude d'Aimé Césaire. Ce dernier, vénéré comme père de cette redécouverte des origines africaines, est par ailleurs l'un des architectes du statut actuel de la Martinique comme département français d'outremer. Pourtant, certains refusent une identité qui semble nier la spécificité antillaise. Qu'en pensez-vous? Lisez les phrases suivantes et dites si vous êtes d'accord ou pas. Justifiez votre réponse. Ensuite, posez ces questions à deux ou trois camarades de classe. Sont-ils d'accord avec vous? Pourquoi ou pourquoi pas?

1. Même à la Martinique, l'identité antillaise est avant tout une identité africaine, telle qu'elle existait avant l'esclavage et la colonisation.
2. L'identité créole est unique, et doit se comprendre telle quelle.

3. L'économie martiniquaise est performante. Le pays a bé-
néficié de son association avec la France. Pourquoi
changer?

4. Les DOM/TOM ne sont que des colonies françaises. Il
faut que la Martinique ait une vision—voire une politique—indépendante, qui valorise la spécificité créole.

## *Projet de recherche*

Vous êtes psychologue, et vous étudiez l'effet des contes sur
les enfants. En ce moment, vous préparez un article comparant les
valeurs culturelles représentées dans les contes créoles et français.
Vous choisissez à titre d'exemple "A Pumpkin Seed," de Patrick
Chamoiseau, et "Cendrillon," de Charles Perrault. Écrivez votre
article.

# Discussion 2
## *Coming to Terms with Change*

TEXT: *Le Temps,* le 14 février 1887, "Protestation contre la
Tour de M. Eiffel"

## *Le Temps,* le 14 février 1887, "Protestation contre la Tour de M. Eiffel"

### *Information*

The Paris World's Fair of 1889 was meant to showcase contemporaneous French technological and industrial know-how. The fair's administrators planned for a central, emblematic exhibit. From some seven hundred submissions, Gustave Eiffel's innovative iron tower was selected as the symbol of the new France. Breaking with long tradition, the winning design was created by an engineer, not an architect. And indeed, even before it was finished, Eiffel's tower became a metaphor for not only the possibilities but also the drawbacks of modern industrialized society.

### *Et si c'était moi . . .*

Tout changement est difficile à accepter et à vivre, surtout quand il s'agit d'un changement de notre environnement quotidien. Non seulement faut-il modifier nos habitudes, mais il faut aussi repenser notre rôle dans le monde. Pensez à un tel moment dans votre vie. Vous avez déménagé, ou peut-être a-t-on rasé un bâtiment que vous aimiez bien afin d'en construire un autre à la place. Réfléchissez aux questions suivantes; ensuite, parlez-en à un camarade dans la classe:

1. Quel changement a été effectué? Avez-vous participé à la prise de décision? Si oui, à quoi avez-vous réfléchi avant de prendre votre décision? Si non, en auriez-vous décidé autrement? Pourquoi?

2. Comment avez-vous réagi à ce changement? Avez-vous changé de routine? Comment?

3. Qu'avez-vous ressenti à ce moment-là? Avez-vous été triste? Fâché? Ou plutôt heureux? Expliquez.

## À première vue

1. Regardez le titre de l'article. Quelle est l'attitude des auteurs envers la Tour Eiffel?

2. Dans le troisième paragraphe, on cite des monuments parisiens: Notre-Dame, la Sainte-Chapelle, la tour Saint-Jacques, le Louvre, le dôme des Invalides, l'Arc de Triomphe. Trouvez ces monuments sur une carte de Paris. Quelles différences architecturales y a-t-il entre ces monuments et la Tour Eiffel?

3. Lisez la première phrase. Quelles professions les auteurs de l'article exercent-ils? Quel aspect de la Tour Eiffel les intéresse? (Esthétique? Politique? Environnemental?) Voyez-vous un rapport entre la profession et les intérêts des auteurs? Précisez.

## *Le Temps*, le 14 février 1887, "Protestation contre la Tour de M. Eiffel"

| | |
|---|---|
| | Nous venons, écrivains, peintres, sculpteurs, architectes, amateurs passionnés de la beauté |
| until now | jusqu'ici* intacte de Paris, protester de toutes nos forces, de toute notre indignation, au nom |
| taste | du goût* français méconnu, au nom de l'art et |
| threatened | de l'histoire français menacés,* contre l'érection, |
| useless | en plein cœur de notre capitale, de l'inutile* et |
| spite | monstrueuse tour Eiffel, que la malignité* |
| full of | publique, souvent empreinte* de bon sens et |
| | d'esprit de justice, a déjà baptisée du nom de "tour de Babel." |
| | Sans tomber dans l'exaltation du |
| right | chauvinisme, nous avons le droit* de proclamer bien haut que Paris est la ville sans rivale |
| above | dans le monde. Au-dessus* de ses rues, de ses boulevards élargis, le long de ses quais admirables, du milieu de ses magnifiques |
| rise | promenades, surgissent* les plus nobles |
| has given birth to | monuments que le génie humain ait enfantés.* L'âme de la France, créatrice de chefs-d'œuvre, |
| shines | resplendit* parmi cette floraison auguste de pierres. L'Italie, l'Allemagne, les Flandres, si |
| proud | fières* à juste titre de leur héritage artistique, ne possèdent rien qui soit comparable au nôtre, et |
| corners/attracts | de tous les coins* de l'univers Paris attire* les curiosités et les admirations. Allons-nous donc laisser profaner tout cela? La ville de Paris va-t-elle donc s'associer plus longtemps aux |

baroques, aux mercantiles imaginations d'un
constructeur de machines, pour s'enlaidir* | to get uglier
irréparablement et se déshonorer? Car la tour
Eiffel, dont la commerciale Amérique elle-même
ne voudrait pas, c'est, n'en doutez pas, le
déshonneur de Paris. . . .

    Il suffit d'ailleurs, pour se rendre compte* | realize
de ce que nous avançons, de se figurer* un | imagine
instant une tour vertigineusement ridicule,
dominant Paris, ainsi qu'une noire et gigantesque
cheminée d'usine,* écrasant* de sa masse | factory/crushing
barbare Notre-Dame, la Sainte-Chapelle, la tour
Saint-Jacques, le Louvre, le dôme des Invalides,
l'Arc-de-Triomphe, tous nos monuments
humiliés, toutes nos architectures rapetissées,* | dwarfed
qui disparaîtront dans ce rêve stupéfiant. Et
pendant vingt ans, nous verrons s'allonger* sur | stretching out
la ville entière, frémissante* encore du génie de | vibrating
tant de siècles, nous verrons s'allonger comme
une tache* d'encre l'ombre odieuse de l'odieuse | stain
colonne de tôle boulonnée.* | bolted iron

## *Avez-vous compris?*

Répondez en indiquant si les phrases suivantes sont vraies ou fausses, en fondant vos réponses sur le texte que vous venez de lire.

1. La beauté de Paris était intacte avant la construction de la tour.
2. Rome rivalise avec Paris comme centre de beauté architecturale.
3. On vient des quatre coins du monde pour voir les monuments de Paris.
4. On avait l'intention de construire la tour de M. Eiffel aux États-Unis.
5. Les auteurs comparent la tour à une cheminée d'usine.
6. On sait que la tour va durer au moins cent ans.

## *À votre avis*

Qu'est-ce que l'art? C'est une question difficile, surtout quand on pense aux artistes dont l'œuvre franchit les barrières de l'art conventionnel. Il en est ainsi pour Krysto Yavachev, dit Christo. En 1985, il a empaqueté [wrapped] le Pont Neuf à Paris, les lampadaires et la statue du Vert Galant inclus. Pendant quinze jours, ce pont est resté enveloppé dans sa toile blanche. Les réactions ont été mixtes. Certains ont trouvé cela provoquant; d'autres ont nié au projet toute valeur artistique. Qu'en pensez-vous? Lisez les phrases suivantes et dites si vous êtes d'accord ou pas. Justifiez votre réponse. Ensuite, posez ces questions à deux ou trois camarades de classe. Sont-ils d'accord avec vous? Pourquoi ou pourquoi pas?

1. Empaqueter le Pont Neuf, comme l'a fait Christo, relève de l'art, puisqu'il s'agit d'obliger les passants à repenser

la forme et la fonction du pont. N'est-ce pas le rôle de l'art
dans la vie?

2. L'œuvre de Christo n'est pas de l'art. Empaqueter un objet
comme il l'a fait ne nécessite aucun talent ni aucune ri-
gueur artistique. C'est du sensationnalisme pur et dur.

## Projet de recherche

La Pyramide du Louvre, achevée en 1989, est l'œuvre de
l'architecte américain I. M. Pei. Sa forme est iconoclaste; les réactions à Paris étaient mixtes. Imaginez que vous êtes un journaliste
américain; vous écrivez un article sur les réactions du public envers
la Pyramide. Pourquoi cet édifice a-t-il suscité une controverse?
Qu'est-ce que les Français en ont dit? Avant de rédiger votre article,
n'oubliez pas de faire des recherches pour comprendre où la Pyramide se situe par rapport à la Cour Napoléon.

# Discussion 6
## *Encountering the Other*

TEXT: Pierre-François-Xavier de Charlevoix,
*Bonheur des sauvages*

# Pierre-François-Xavier de Charlevoix, *Bonheur des sauvages*

## *Information*

Pierre-François-Xavier de Charlevoix (1682–1761) was a French Jesuit priest and an explorer. He first came to Canada in 1705; he spent the next four years teaching grammar in Québec. He returned to Canada in 1720 with the goal of locating a route to the Pacific Ocean. To this end, he made a long voyage from the Saint Lawrence River through the Great Lakes and down the Mississippi River to the Gulf of Mexico. He published his views on North America in 1744, in the *Histoire et Description Générale de la Nouvelle France*.

### *Et si c'était moi . . .*

Pensez à votre première visite dans une région ou dans un pays que vous ne connaissiez pas auparavant. Réfléchissez un peu à vos réponses aux questions suivantes.

1.  Qu'est-ce que vous avez remarqué? Que faisait-on différemment?
2.  Y avait-il des aspects de la vie quotidienne que vous n'avez pas aimés? Lesquels? Comment avez-vous réagi?

Ensuite, racontez votre voyage à un partenaire dans la classe. Avez-vous remarqué les mêmes choses? Si non, à quoi cela tient-il? Aux particularités régionales ou nationales? À votre propre milieu culturel, qui n'est peut-être pas identique à celui de votre partenaire? Précisez.

### *À première vue*

1.  Regardez les mots soulignés dans le texte. L'orthographe en est caractéristique du français du dix-huitième siècle.

À l'aide d'un dictionnaire, essayez de trouver l'équivalent moderne pour chacun de ces mots.

2. Lisez le titre du texte. De qui parle l'auteur? Qui sont les "sauvages?" À en juger d'après le titre, le père Charlevoix, partage-t-il l'opinion de Jacques Cartier au sujet des habitants du continent nord-américain? Pour répondre à cette question, il faut lire le texte de Cartier (Discussion 6).

3. Dans le premier paragraphe, il est question de la "Campagne," c'est-à-dire de la Compagnie de Jésus. Qui sont les Jésuites? Qui est le fondateur de l'ordre? N'hésitez pas à consulter une encyclopédie si vous ne savez pas.

## Pierre-François-Xavier de Charlevoix, *Bonheur des sauvages*

| | |
|---|---|
| admit | Il faut avouer* que du premier coup d'œil la vie |
| lead/other than | qu'ils menent,* paroît bien dure, mais outre* |
| | qu'en cela rien ne fait peine, que par |
| | comparaison, & que l'habitude est une seconde |
| enjoy | nature, la liberté dont ils jouissent,* est pour eux |
| compensation | un grand dédommagement* des commodités, |
| deprived | dont ils sont privés.* Ce que nous voyons tous |
| | les jours dans quelques Mandians de |
| | profession, & dans plusieurs personnes de la |
| Jesuits/supplies | Campagne,* nous fournit* une preuve sensible, |
| bosom | qu'on peut être heureux dans le sein* même de |
| | l'indigence. Or les Sauvages le sont encore plus |
| | réellement; premierement, parce qu'ils croyent |
| | l'être; en second lieu, parce qu'ils sont dans la |
| peaceful | possession paisible* du plus précieux de tous les |
| gifts | dons* de la Nature; enfin parce qu'ils ignorent |
| | parfaitement, & n'ont pas même envie de |
| | connoître ces faux biens, que nous estimons tant, |
| | que achetons au prix des véritables, & que nous |
| enjoy | goûtons* si peu. |
| |     Effectivement en quoi ils sont plus |
| | estimables, & doivent être regardés comme de |
| | vrais Philosophes, c'est que la vûë de nos |
| | commodités, de nos richesses, de nos |
| | magnificences, les ont peu touchés, & qu'il se |
| pleased/do without | sçavent bon gré* de pouvoir s'en passer.* Des |
| | Iroquois, qui en 1666 allerent à Paris, & à qui |
| | on fit voir toutes les Maisons Royales, & toutes |

les beautés de cette grande Ville, n'y admirerent
rien, & <u>auroient</u> préféré leurs Villages à la
Capitale du plus florissant Royaume* de         kingdom
l'Europe, s'ils n'<u>avoient</u> pas vû la <u>ruë</u> de la
Huchette, où les Boutiques des Rotisseurs,*     grill owners
qu'ils <u>trouvoient</u> toujours garnies de Viandes de
toutes les sortes, les charmerent beaucoup.

### *Avez-vous compris?*

Répondez en indiquant si les phrases suivantes sont vraies ou fausses, en fondant vos réponses sur le texte que vous venez de lire.

1. À première vue, la vie des habitants du continent nord-américain semble facile.
2. Si les habitants du continent sont pauvres, ils jouissent en revanche d'une grande liberté.
3. D'après l'auteur, être pauvre, c'est être malheureux.
4. Les Amérindiens sont heureux parce qu'ils se croient heureux.
5. Les Amérindiens envient les richesses matérielles des Français.
6. Les Iroquois n'ont rien aimé à Paris.

### *À votre avis*

On peut interpréter les voyages des explorateurs du seizième siècle de diverses façons; chacun envisage la question de son propre point de vue. Qu'en pensez-vous? Lisez les phrases suivantes et dites si vous êtes d'accord ou pas. Justifiez votre réponse. Ensuite, posez ces questions à deux ou trois camarades de classe. Sont-ils d'accord avec vous? Pourquoi ou pourquoi pas?

1. Il faut reconnaître et respecter le courage des explorateurs européens, qui sont partis à la découverte d'un monde jusqu'alors inconnu. C'est grâce à leurs voyages que les États-Unis existent, après tout.
2. Le génocide à l'échelle continentale: voilà l'héritage des explorateurs européens. Certaines populations amérindiennes ont été décimées par des maladies venues d'Eu-

rope; la diaspora africaine est un autre legs honteux. Comment donc tenir en haute estime les explorateurs du seizième siècle?

## *Projet de recherche*

Vous êtes professeur de lycée; vous enseignez un cours sur les grandes expéditions du seizième siècle. Vous avez choisi de comparer le journal de voyage de Jacques Cartier avec celui de Christophe Colomb. En quoi chaque journal est-il unique? En quoi se ressemblent-ils? Préparez le plan de votre leçon en en précisant les objectifs ainsi que les questions que vous allez poser à vos étudiants.

# Discussion 7
*Preserving Patrimony*

TEXT: International Council of Museums, "La Liste rouge"

## *International Council of Museums*, "La Liste rouge"
### *Information*

In recent decades, African governments have begun to confront the ongoing problem posed by the illicit trade in African antiquities. Solutions are not easy; difficult economic conditions make certain countries particularly vulnerable to theft and looting. The International Council of Museums (ICOM) has released a list that catalogs threatened categories of antiquities, hoping in this way to limit the market for such goods. Although the list is having some good effects, a few European and American institutions continue to collect listed material.

### *Et si c'était moi . . .*

Nous avons tous des objets auxquels nous attachons une grande valeur sentimentale. Ces objets nous rappellent notre histoire personnelle, les bons souvenirs tout comme les moments difficiles. Pensez aux objets auxquels vous tenez le plus. Parlez-en à un camarade de classe, en répondant aux questions suivantes.

1. Quels sont les objets auxquels vous tenez le plus? Est-ce un bijou, un livre, une photo, autre chose?
2. Pourquoi tenez-vous tant à cet objet? Qu'est-ce qu'il représente pour vous?
3. Si vous perdiez cet objet, que feriez-vous pour le retrouver?

### *À première vue*

1. Plusieurs pays sont cités dans l'article: le Niger, le Burkina Faso, le Mali, le Cameroun, le Tchad, le Ghana, la Nigéria, et la Côte d'Ivoire. Situez ces pays sur une carte

de l'Afrique. Où se trouvent-ils par rapport aux pays du Maghreb (l'Algérie, le Maroc, la Tunisie, la Libye)?

2. Lisez la première phrase du texte. Qu'est-ce que le pillage? À en juger d'après cette phrase, quel est le thème de l'article?

3. En pensant au symbolisme des couleurs, pourquoi a-t-on choisi le rouge pour cette liste? Quelle en est la portée symbolique? Dans quelles autres circonstances utilise-t-on cette couleur? Donnez des exemples.

4. Dans l'article, on évoque Nok, Ifé et Esie. Où se trouvent ces sites? N'hésitez pas à consulter une encyclopédie si vous ne savez pas.

# International Council of Museums, "La Liste rouge"

Pillage des objets d'art africains

Pour la première fois une liste de catégories d'objets archéologiques africains, particulièrement victimes du pillage, a été établie lors de l'Atelier* sur la protection du patrimoine* africain qui s'est tenu du 22 au 24 octobre 1997 à Amsterdam.

*[margin: workshop / heritage]*

Cet atelier, organisé par l'ICOM, a réuni pour la première fois des Africains, des Européens et des Américains, afin de mettre en place une politique commune pour lutter* contre le trafic des objets culturels africains.

*[margin: fight]*

La "liste rouge" établie par les participants comprend* les catégories d'objets archéologiques suivantes:

*[margin: includes]*

Terres cuites* Nok du Plateau de Bauchi, de la région de Katsina et au Sokoto (Nigéria).

*[margin: terra-cotta]*

Terres cuites et bronzes d'Ifé (Nigéria).

Statues en pierre* d'Esie (Nigéria).

*[margin: stone]*

Terres cuites, bronzes et poteries dites de "Djenné" de la vallée du Niger (Mali).

Terres cuites, bronzes, poteries et statuettes en pierre du système de Boura (Niger, Burkina Faso).

Statues en pierre du nord du Burkina Faso et région environnante.*

*[margin: surrounding]*

Terres cuites du nord du Ghana (Koma-Land) et de la Côte d'Ivoire.

Terres cuites dites "Sao" (Cameroun, Tchad, Nigéria).

Ces objets sont parmi les biens culturels les plus touchés par le pillage et le vol.* Protégés par des législations nationales, il sont interdits* d'exportation et ne doivent en aucun cas être proposés à la vente. Un appel* est donc lancé aux musées, salles des ventes, marchands et collectionneurs afin qu'ils n'achètent plus ces objets.

theft

prohibited

appeal

*Avez-vous compris?*

Répondez en indiquant si les phrases suivantes sont vraies ou fausses, en fondant vos réponses sur le texte que vous venez de lire.

1. La protection du patrimoine africain est une priorité.
2. Les Africains n'ont pas été invités à la réunion de l'ICOM.
3. La liste rouge comprend plusieurs catégories d'objets archéologiques.
4. Les bronzes d'Ifé ne figurent pas sur la liste.
5. Il est interdit d'exporter ces objets.
6. Un appel est lancé aux collectionneurs pour qu'ils n'achètent plus ces objets.

## À votre avis

Les droits de propriété: Voilà l'une des questions les plus importantes du vingt et unième siècle. Non seulement l'étendue des droits de propriété mais aussi leur définition est en pleine évolution. Qu'en pensez-vous? Si c'était à vous de décider des cas suivants, quelle décision prendriez-vous? Discutez de ces cas avec deux ou trois camarades de classe. Sont-ils d'accord avec vous? Pourquoi ou pourquoi pas?

1. Le propriétaire d'une agence de voyages a pris une photo d'un paysage dont il se sert par la suite pour illustrer ses brochures. Un architecte porte plainte contre l'agence, en dénonçant l'usage commercial de la photo, sur laquelle figure une maison dont il a dessiné les plans.
2. Pendant la deuxième guerre mondiale, plusieurs tableaux ont disparu de la maison d'un collectionneur parisien. Trente ans plus tard, cet individu retrouve ces tableaux

dans un musée en Californie où ils font partie d'une célèbre exposition d'art moderne.

## *Projet de recherche*

Un musée à Glasgow, qui compte dans sa collection plusieurs bronzes du Bénin, a plusieurs fois refusé de les rendre au gouvernement de ce pays. Or, quelqu'un a décidé de porter plainte contre le musée. En tant qu'avocat du plaignant, il vous faut mettre en œuvre des arguments pertinents et convaincants. Vous allez citer des cas semblables, comme par exemple la restitution d'une chemise cérémonielle aux Sioux en 1998. (Voir Discussion 7.) Faites les recherches nécessaires, et rédigez le texte de votre plaidoirie.

# Text and Image Sources

Discussion 1

Image: Gérard Valcin, *Coumbite,* 1971. Milwaukee Art Museum, Milwaukee Art Museum, Gift of Mr. and Mrs. Richard B. Flagg M1987.27.

Text: Patrick Chamoiseau, "A Pumpkin Seed," in *Creole Folktales,* translated by Linda Coverdale (New York: New Press, 1994), 31–34.

Discussion 2

Image: Paul Cézanne, *La Gardanne,* 1885–86. Brooklyn Museum of Art, Elia C. Woodward Memorial Fund and the Alfred T. White Memorial Fund 23.105.

Text: From *The Autobiography of Alice B. Toklas* by Gertrude Stein, copyright 1933 and renewed 1961 by Alice B. Toklas, 30–32. Used by permission of Random House, Inc.

Discussion 3

Image: Algeria, fifty-dinar note, 1964.

Text: Tahar Ben Jelloun, "L'Étranger," in "Nouvelles du Pays," "À l'insu du souvenir," © François Maspero/La Découverte, Paris, 1980.

Discussion 4

Image: L'Afrique Centrale, five-thousand-franc note, 1994.

Text: Léopold Sédar Senghor, "Hymne national du Sénégal," with
music by Herbert Pepper, 1960.


Discussion 5

Image: Clarence Gagnon, *The Chapdelaine Farm,* 1928–33, illustration for Louis Hémon, *Maria Chapdelaine* (Paris: Les Éditions Mornay, 1928). McMichael Canadian Art Collection,
Gift of Col. R. S. McLaughlin, 1969.4.7.

Text: From *Maria Chapdelaine* by Louis Hémon. © Éditions Jean-
Claude Lattès, 1990, 285–86.


Discussion 6

Image: Giacomo Gastaldi, *La Nuova Francia,* illustration in Giovanni Battista Ramusio, *Delle Navigatione et Viaggi* (Venice,
1565). Yale Map Collection, Yale University.

Text: Jacques Cartier, *The First Voyage,* in *The Voyages of Jacques
Cartier,* edited by Ramsay Cook (Toronto: University of Toronto Press, 1993), 24–26.


Discussion 7

Image: Benin, Bronze Plaque, illustration in Paula Girschick Ben-
Amos, *The Art of Benin* (Washington, D.C.: Smithsonian In-
stitution Press, 1995), 26. Photo: Museum für Völkerkunde
zu Leipzig.

Text: *Glasgow Herald,* "Battle Royal for Benin Relics," 25 January
1997.


Discussion 8

Image: Street Mural, Port-au-Prince, Haiti, undated, illustration in

Veerle Poupeye, *Caribbean Art* (New York: Thames and Hudson, 1998), 201. Photo: Pablo Butcher.

Text: Haiti, *L'Acte de l'Indépendance* (Haiti, 1804).

Discussion 9

Image: Eugène Delacroix, *La Liberté guidant le peuple*, 1830. Musée du Louvre.

Text: Thibaut Girard and Jean-Michel Pinchedez, *Cahiers de Doléances, Mode d'emploi* (Chaumont-en-Bassigny: Archives départementales de Haute-Marne, 1988), 17, 23, 26, 32, 35, 42, 46. Conseil Général de la Haute-Marne—Archives Départementales.

Discussion 10

Image: Leaf from a Qur'an Manuscript, 13th–14th c., attributed to Spain. Metropolitan Museum of Art, Rogers Fund, 1942 (42.63). Photograph © 1986 The Metropolitan Museum of Art.

Text: Calixthe Beyala, *Le Petit Prince de Belleville* (Paris: Éditions J'ai Lu, 1993), 6–8.

Appendix, Discussion 1

Text: Joseph Zobel, *La Rue Cases-Nègres* (Paris: Les Quatre Jeudis, 1955), 43–45.

Appendix, Discussion 2

Text: *Le Temps,* "Protestation contre la Tour de M. Eiffel," 14 February 1887.

Appendix, Discussion 6

Text: Pierre-François-Xavier de Charlevoix, *Bonheur des sauvages,* letter 22, August 1721, in Charlevoix, *Histoire et description générale de la Nouvelle France: avec le journal historique d'un voyage fait par ordre du roi dans l'Amérique septentrionnale,* vol. 6 (Paris: Rollin Fils, 1744), 31–32.

Appendix, Discussion 7

Text: International Council of Museums, "La Liste rouge," 16 February 1998, http://www.icom. org/redlist/french/intro.html.